見た目にとらわれない生き方のススメ

# ブサイク解放宣言

マンボウやしろ

# はじめに　～いかにして「ブサイクのプロ」は生まれたのか～

初めましての方もそうではない方もこんにちは、マンボウやしろです。僕は吉本興業に入り芸人になって２０１６年で20年を迎えました。現在は芸人を卒業し、脚本家、演出家として一人前になるべく頑張っています。

## 「顔面格差社会はもう終わりだ!!」

僕が初めて自分の顔面に疑念を抱いたのは小学校3年生のときです。僕らのクラスは校庭に迷い込んだ小さなノラ犬を捕獲して、校内においてその飼育権を手にしたのですが、男女の間で飼う／飼わないについての意見が真っ二つに分かれてしまったのです。

男子は飼う派で女子は飼わない派でして、小さい頃から口が達者で生意気だった僕は、男子の特攻隊長的なポジションとして、女子にやんややんや言っていました。すると、女子のリーダーからいきなり、本当にいきなり「やしろはブ男のくせにうるさい!!」と言われたのです。

「犬と顔は関係ないだろ!!」

そんな当たり前の突っ込みすら言えずに、誰が見ても動揺していることが分かるくらい、僕はアタフタしました。僕が小学生だった1980年代半ば、「ブサイク」という言葉はまだあまり浸透しておらず、「ブ男」という柔らかさの欠片《かけら》もない言葉が主流でした。そして、当時の日本の子どもたちの間では、こうしたバッシングやディスりは日常茶飯事だったと思います。

こうして、10歳にも満たない僕の心に黒魔法が炸裂《さくれつ》して何かが芽吹き、このとき以降、それはずっと成長を続けることになるのです。

「自分は、写真映りがたまたま毎回悪いだけだ」

そう自分に言い聞かせまくった思春期を抜けて、芸人の世界に入ってコンビを組んで、死ぬ気で毎月コントを作って舞台に立ち、ある程度ウケてもらっていたのですが、とある先輩からは毎回「お前たちのコントは面白いからウケてるんじゃなくて、やしろの顔が面白いからウケてるんだぞ」と言われ続けました。

そんな意見はもちろん、心の中で相手にしていませんでした。

しかし、知名度がほぼない若手だったにもかかわらず、僕はある分野でだけどんどん注目を集めていくことになります。当時発行されていた『マンスリーよしもとPLUS』という雑誌で、年に一回「よしもと男前ブサイクランキング」という企画があったのですが、そのブサイクランキングのほうで、トップ10入りをし始めるのです。

誰だって、自分のことをブサイクだとは思いたくないはずです。しかも、それが思春期や二十歳前後ならばなおのことだと思うのですが、何年もかけてゆっくりと着実に順位は上がっていくのです。


そもそも僕はお笑いをやりたくて吉本に入ったわけで、ブサイクランキングに入りたくて芸人になったわけじゃない！

そもそも、そんなランキングにエントリーした記憶もないのです！

男前ランキングならまだしも、ブサイクランキングってなんだ？

えっと、日本は先進国ではなかったのですか……？

3年連続で1位になると殿堂入りをするという謎のシステムのなか、130Rのほんこんさん、フットボールアワー・岩尾さん、南海キャンディーズ・山ちゃんという3人のレジェンドたちが3年ごとに次々に崖から落とされ、ブサイク村に強制的に移住させられていきました。そして気がつくと世論という見えない巨大な影に背中を押されに押されて、知名度もないまま僕はその崖の最先端に立っていたのでした。

……認めることで仕事に活かすしかなかった。

若手時代、電車に乗っただけで目の前の女子高生が僕の顔を見て、「やばい！　やばいよ！」と言って大笑い。僕に勇気と技術があれば、逮捕覚悟でジャーマン・スープレックスを次の駅まで繰り返しかましたい気分でした。

2011年、東北を中心に日本が大きく揺れて、僕ら芸人も何もないなりに何かしたくて、みんなで避難所の体育館に行きました。入った瞬間に僕を見た小さな女の子が恐怖で号泣しました。すぐに外に出て僕も泣きました。申し訳なさとマイ顔面のクオリティーの低さを呪う気持ちが溢れましたが、戻ってみると泣いた女の子を見た周りの家族や大人たちがスゴく笑っていてくれたことでなんとか救われたのです。

ブサイクランキングでついに3年連続1位を獲得して殿堂入りしてしまったあのときからこれまでの日々。自分がブサイクであるということで「おめでとうございます!」と人から真顔で言われた経験を持つ人は、そうそういないはずです。

要するに僕はブサイクのプロなのです。芸歴は20年ですが、ブサイク歴は小学3年だったあの日から数えて、すでに30年以上を誇ります!! だんだんと中年になってきて見た目も気にならなくなってきて、ブサイクという生物として完全に熟してきました。普通の仕事をしていたら人生を通してブサイクと向き合う必要性もなかったかもしれませんが、僕はずーっとブサイクという概念とにらめっこしながら生きてきたのです。

そんな僕だからこそ到達できた「ブサイク&ブス理論」があります。

「顔が悪かったら経済力やおしゃれ度で戦え!」。この本は、そういった類のものではありません。この本は、【ブサイクを受け入れた先の世界】を目指すための本であり愛の本です。

自分が男前や美人ではないと受け入れるには、ある程度の刺激と苦痛が必要になります。この本のなかでも強くキビシい言葉をガンガンに使わせていただくことになると思いますが、どうかお許しください。

# 目次


02 はじめに ～いかにして「ブサイクのプロ」は生まれたのか～

11 序章 みんなで叫ぼう「僕はブサイクです！」

21 第1章 ブサイクがしてはいけない8つのこと

22 1 流行の服は罠だ!!

31 2 髪型は究極の無造作で！

37 3 穴はあけるな!!

44 4 スピード出しすぎ注意！

49 5 におうな！！！

54 6 駆け引きはするな!!

59 7 そのペットボトルには入るな！

65 8 腐ったら負けだ！

## 第2章 ブサイクはこんな女を狙え！

第2章 ブサイクはこんな女を狙え！ 71
❶ ブランド好きは無理だ！ 72
❷ ラフを狙え！ 79
❸ 厚化粧は要注意なのか⁉ 85
❹ いざ、日本酒を飲んでいる娘の隣へ‼ 90
❺ 東南アジアしかないだろ‼ 96
❻ ラジオの周波数に合わせろ！ 102
❼ 下北沢を歩くんだ‼ 106
❽ ジャニヲタだ、逃げろ！ 111
❾ 美大生だと⁉ 全軍戦闘準備！ 117

123 第3章 ブサイクが愛を語れ!

124 ❶ さあ片想いの始まりだ!!

134 ❷ 告白はブサイクに!!

139 ❸ フラれたときだけイケメンで!

146 ❹ 付き合えたら浮かれろ!

151 ❺ モテ期ってなんだ!?

155 特別対談① 能町みね子さん

「ブサイク男子」×「モテない系女子」のマッチングで世の中が変わる!(のか?)

167 第4章 ブサイクであるからこそ！

168 ❶ オレの顔を忘れるな!!

173 ❷ 最初からブサイクが有利!!

178 ❸ あの言葉を言っちゃいます！

184 ❹ 男前と美人が持つリスク！

189 ❺ セレブがブサイクを連れ歩く時代!?

198 ❻ ブサイクの頂点・アイタイダ！

204 マンガ ブサイク解放宣言 最終話 ～未来へ～

209 特別対談② 名越康文さん 閉塞感広がる世界を救うためにも 今こそ「ブサイク」を解放せよ！

220 おわりに

# 序章

## みんなで叫ぼう「僕はブサイクです!」

いよいよ始まります。書きながらドキドキしてます。

ここからが本番の幕開けです。ということでいきなりで大変恐縮ですが、

**あなたはブサイクです！**

**あなたはブスです！**


ああ、待って!! どうか本を閉じないでください！ お願いします。

なぜここが「第1章」ではなくて「序章」なのか？ 分かりやすく説明しますと「準備運動」だと考えてください。スポーツをする前にはみなさん、ケガをしないように準備運動をしますよね？ アレです。耳にタコができるほど言われてきた「おーい、準備運動したか？」「準備運動してからだぞ！」などの言葉。もう、お約束みたいなもんです。

しかし、準備運動の必要性・重要性について、いまいち納得できていない人も多いのではないでしょうか。なぜか？ それは準備運動をしないでスポーツしてもとくにケガをしなかったから。なんなら準備運動したにもかかわらずケガをしたことがあるから。そういうこともあるでしょう。

たしかにスポーツと準備運動の関係性は人によって様々です。しかし、この本においての序章はとてつもなく重要な準備運動なのです。

スポーツにおける準備運動飛ばしよりも、この本での序章飛ばしはかなりの高確率でケガをします。心がケガをします。なぜならば今僕は、読者の方が全員ブサイクかブスだと想定してこの本を書いているからです。

この本は本当にハードルが高いです。だって、そもそも手にするにも勇気がいるでしょうし、周りに人がいたらワイセツな本並みに読みづらいでしょう。そのうえ、アタマから順に読み進めないと嫌な気持ちになるのですから、高すぎるハードルといっても過言ではありません。

僕はブサイクのプロです。「はじめに」にも書いたように僕は長い年月をかけてプロになりました。

プロになりたくてなったわけではなくて、自分が身を置いた環境にもてあそばれ続けながら「日本人プロ1号」となったのですが、とにかくこの本は順番にアタマから読んでいただきたいのです。なぜなら【ブサイクの解放】【ブスの解放】までの心の道のりには手順があるからです。手順を間違えれば、無駄に心がケガをします。

顔面からの解放を実現するために、最初にどうしても避けては通れないのが、「自分がブサイクだと認める」ということです。すごく矛盾しているようですけど、ここからすべてが始まるのです。自覚することで、ようやく始まりのファンファーレが鳴り響きます。ラピュタでいうところの飼いバトを逃がすシーンです。

なぜに自分の顔が変だと自覚しないと始まらないのか？　左のページにあるピラミッドの図をご覧ください。

三角形のなかに3本の線が横に引かれていますが、真ん中の線は顔面点数50点だと思ってください。世の中には50点以上の人間より50点以下の人間のほうが多いということです。

上の線と下の線は点数とは関係ありませんので誤解のないようにご注意ください。上下2本の線は「自分はイケてると思っている人」「自分はイケてないと思っている人」を分けている線です。要するに「自覚」を表す線です。

A・自分はイケてないと思っている男前&美人

B・自分はイケてると自覚している男前&美人
C・自分はイケてないと自覚しているブサイク&ブス
D・自分はイケてると思っているブサイク&ブス

僕や皆様がブサイクでありブスであるとするならば、カテゴリーはCかDということになります。

Dに入ってしまうことは本当に危険です。誰だって自分がブサイクだ、ブスだと認めたくはありません！　しかし真実をちゃんと受け止めることから始めないと、とてつもなく大きな恥をかくことがあります。

ブサイクやブスがやっても似合わないことが世の中にはあるのです。「それこそブサイク&ブスに対する人権侵害だ！」と怒る方がいるかもしれません。でも例えば、自分がブサイクだと自覚してなかったとしたら、男前と同じ流行の服をうっかり着てしまうことになります。

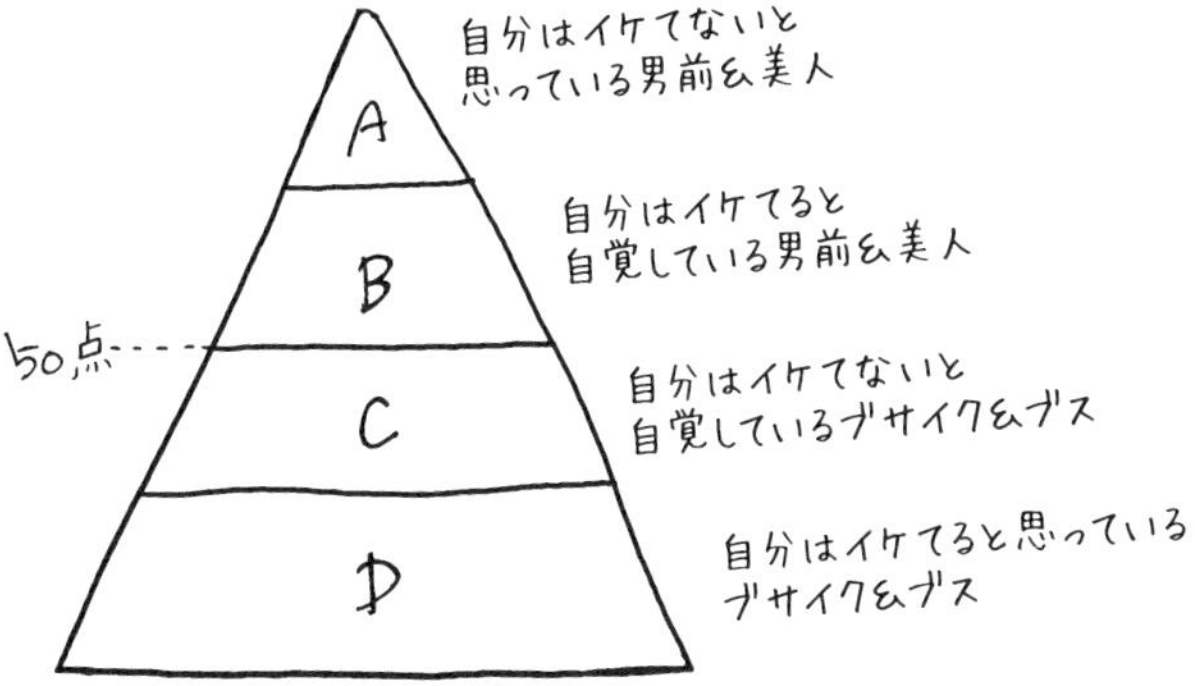

まったく同じ服を着たブサイクと男前が並んでいたらどうですか？　世の中には、認識していれば避けられる落とし穴がたくさんあるのです。

世界は男前や美人が有利に生きられるように操作されているのです。謀略社会です!!　この本はそんな腐った世界に一石を投じるための本なのです。僕らは知らない間にものスゴく不利な試合をさせられていて、計算できないほどの損を重ねて生きています。そんな世界はもう終わりにしましょう。いや、終わらせるのです！

まずは、どんなに苦しくてもCの「自分はイケてないと自覚しているブサイク&ブス」になってください。口では「俺はブサイクですからー」「私、どうせブスだからー」などとは言えるけど、内心では「それほどブサイクじゃない」「ブスは嫌だ！」などと思ってしまうのが人間というものです。そういった口先だけの謙虚さや認識ではまったく足りません。心から血を流しても、まずはCに入ることです。

Cに入り、この本を読んでもらえれば、Bなど敵ではありません！　自分が男前だと思っている男や美人の自覚がある女性など、足下がユルユルですからブサイク流下段回し蹴りでスッテンコロリンです。奴らが手に持っているスムージーもろとも大回転です！

ただし、Aの「自分はイケてないと思っている男前&美人」にはまず勝てませんから、見つけたらスタコラサッサと逃げてください。彼らは最強です。赤ちゃんが自分自身がかわいいことを認識していたら、例外なく愛されるでしょうか？　犬や猫が自分がかわいいことを知っていたら、ここまで多くの人間が犬や猫と共に暮らしてきたでしょうか？

かわいいということ、顔が良いということは簡単な話、その生き物が持つ武器なのです。強い武器を持っている人に僕たちは惹かれますが、強い武器を持っているという自覚のある人はいざとなるとその武器を使います。有利に立とうとします。僕たちは無意識でそのことを知っているのです。だからこそ、武器を持っているのに自覚がない人には安心して接することができるのです。

僕の後輩にもAに属する奴がいますが、男前という自覚がないので浮気もしませんし、無駄にプライドが高くなくて一緒にいると楽しい。Aの人種は様々な意味で隙がないですから、下手に戦いを挑むと、圧倒的な力を持った巨大な敵相手にもがく、ただのみすぼらしいブサイクやブスになります。ですから、そこはすんなりと逃げてください。

「ブサイクだから地味に生きる」「美人の人生は楽しい！」「ブスだけどポジティブに」「男

前だけど不幸」。こういった言葉は極端に言えばすべて偏見です。この本も偏見には満ち満ちておりますが、最後まで読んでいただければ【解放】の真の意味を理解していただけると思います。そもそもポジティブもネガティブもない世界観に向かうための本なのです。

『ありのままに』。

そうです、『アナ雪』でありビートルズの「レットイットビー」です。が、それではまだ半分です。『ありのままに・あるがままに』とセットでお持ち帰りいただきたいのが、『ないがままに』です。『あるものはある・ないものはない』ということです。

「いやいやいや、Cになれとか A から逃げろ！　とか言ってるけど、実際BとかDのほうが強いでしょ？　モテるでしょ？　えっどうなのよ？」というようなことをカーペットやベッドの上でゴロゴロしながら思っている方もいるでしょう。

確かにB・Dチームは強いです。自分が男前&美人だと思って自信に満ち溢れていますから、基本的にはポジティブに生きています。もちろんポジティブに生きることは素敵なことで、僕らもネガティブよりはポジティブに生活したいのですが、B・Dのなかには恋愛においても必要以上にポジティブすぎてガツガツ攻めまくる人たちがいます。しかし実際問題、世の中にはガツガツした人が好きな人もいれば苦手な人もいるのですから、B・Dが強いと決めつけてしまうのは早すぎると思うのです。

サッカー日本代表が勝った日に、たまたま渋谷のスクランブル交差点にでもいたりしたらハイタッチの嵐です。僕もサッカーをやっていましたし、日本代表の勝利は心底うれしいのですが、ハイタッチが好きな人もハイタッチが苦手な人もいるのです。ちなみに僕はボウリングのときだけはハイタッチを多用してしまい、帰宅してから少し恥ずかしくなるタイプです。

そもそもモテるってなんですか？　経験人数ですか？　ガツガツ攻めて数打ちゃ当たる理論ですか？　それでは金儲けだけを良しとする行きすぎた資本主義みたいであまりにも切ないじゃありませんか。そうです。数ではありません。大切なのは質と深さだと思うのです。

だからこそ、

**世界を変えられるのは、自覚のあるブサイクとブスだけなのです！**

AにもBにもDにもできないことがあるのです。「自分はイケてないと自覚しているブサイク&ブス」だからこそ到達することのできるユートピアがあるのです!

この旅に必要なものは食料でもランプでもナイフでもなく、【自覚】ただひとつです。準備はよろしいですか? それでは出発しましょう!

# 第1章

# ブサイクがしてはいけない8つのこと

## 1 流行の服は罠だ!!

顔面の良し悪しが、なぜに僕らの人生を左右してしまうのか？

その理由のひとつが【思春期】です。思春期とは子どもたちが大人の男や女に変化する人生のなかのある季節です。その時期には努力の仕方や夢の描き方や人間関係など、大人になるための多くの準備を経験しますが、メインテーマと言っても過言ではないのが【恋愛】です。その恋愛に大きく関わってくるのがフェイスですから大問題なのです。この本は、国が許してくれるのなら、小学校低学年の道徳の時間の教材にしていただきたいくらいの気持ちで書いています。

子どもたちはランドセルを背負ってる段階で訪れる思春期のスタートと共に、顔面格差社会の仲間入りをするのです。これは完全に大人のせいです。社会のせいです。メディアのせいです！　だからこそ僕ら大人から変わらなくてはいけないのです。

まずは僕たち大人が顔面至上主義のこのワールドを破壊しましょう！　顔が良い人々がこの世界の仕組みに疑問を抱くことは絶対に、絶対にありませんので、僕らブサイク&ブスから変化を主導するのです。大人になってからでも決して遅いことはありません！　むしろ大人だからこそ理解できることがたくさんあるはずです。

学校の先生は「人間は顔じゃない」と口をそろえて説きますが、実際、世界の半分くらいは顔で回ってるじゃないですか!?　夜の校舎の窓ガラスではなくて、僕は夜の校舎のカガミを割って歩きたかった……。

顔の良し悪しを気にしないで生きるということは、すなわち【顔面からの解放】です。ブサイクの解放であり、ブスの解放であります！　しかし、解放するためには順番があります。序章でも書きましたが、まずは自分がブサイク＆ブスだと認識することです。

そうしてここからが本当の旅の始まりですが、「ブサイク＆ブスだからといって決して損はしていない」ということを理解することから始めましょう。ひとつひとつゆっくりいきましょう。損をすることでどんどん心がダメージを食らい、顔面至上世界に飲み込まれていきます。だからこそブサイク＆ブスがやってはいけないことを知り、ゆったりと、そして確実に僕らの顔を全世界に解き放っていくのです。

シンプルに考えてください。

イケメンとブサイクがこぞって同じ服を着た場合、どういうことが起こるでしょうか？そうです。イケメンの持つ顔の攻撃力が増すだけなのです。そして想像してください。あなたがプライベートの集まりで学校や会社イチのイケメンと同じ洋服を着てしまった状況を。笑われるのは、僕たちブサイクやブスなのです！

同じセンスで同じ情報力で同じだけ大事なお金を使い、大切な時間を同じだけかけて買った洋服で、顔の違いという理由だけで笑われなければならないのです。たまたま僕がテレビ番組に呼んでもらって、そこにたまたま関ジャニ∞の錦戸亮さんが出演していたとして、奇跡的に同じ衣装だったらどうなりますか？　僕は怖くて死ぬまでネットが見られません。いつか自分の子どもが生まれたら、ネットを見ることがないように20歳までジャングルで育てることでしょう。

世界は平等？　日本は平等？　昨今の日本は弱者にやさしい？

フザケるんじゃない！

貧富の格差が騒がれておりますが、世界中で有史以来【顔面格差】【顔面差別】は慢性的に繰り返され続けているのです。おかしくないですか？　長い歴史のなかで男前とブサイク、美人と不美人の上下関係に革命が起きたことはないのです。

同じ服を着たときにイケメンが笑われたっていいじゃないか？　というかそもそも洋服が誰かとかぶっただけで僕らがイジられる必要などないのです。

では、なぜに革命が起きないのか？

ブサイクブス連合国のなかにある、劣等感という名のダークサイドが、男前美人共和国をより強大なものにしてしまっているのです。

だから革命など起きませんよ。共和国の住人たちは僕たち連合国の住人たちが戦いを挑んでこないのをいいことに、ヌクヌクとアボカドとかを食いながら、フラフラとチワワを散歩させて、まるで桜でも見るような気持ちで僕たちの劣等感を見ながらシャンパンを飲んでいるのです。

こんな状況、いつまでも続いていいはずはありませんが、これが現実というもの。でも革命は無理だとしても解放ならばきっとできる！　だからこそ、

## 流行の服など着てはいけないのです!!

もう分かったと思いますが、悲しいかな、流行の服を買えば買うほど、そしてその服を着れば着るほど僕らは不利になるのです。流行を追えば追うほど、逆に追い込まれるのは自分たち……。

僕はもう書きながら泣いていますよ。何度も言いますが、皆様の貴重な時間を今もこうしてもらっているわけでして、なんとか最後まで読んでいただければ必ず何がしかの答えをお持ち帰りいただけるようにいたします！　いつか一緒に虹の上をブサイクだけで合唱しながら歩ける日が来ますので、だから今だけは一緒に泣いてください。

「洋服は何を着たって自由だろ⁉」

そんな声も聞こえてきますが、それは重々承知しております。

ブサイクやブスを自覚していないことは隙を生むのです。認識が甘いと顔面偏差値の高い奴と同じタイプの服を着てしまって、結果的にあいつらの引き立て役になってしまう可能性が高いのです。

自分の顔をブサイクと認識するのは、とてもとても難しく苦しいことです。まああの大きさの石ころを飲み込むくらいの覚悟が必要だと思います。石ころとブサイクという自覚はそんなに簡単にノドを通るものではありません。しかし、すでに書いたようにすべての戦いは【自覚】から始まるのです。読んでいるあなたがもしも自らのブサイクを認識していたとしても、何も恥じることはないですし、ネガティブになる必要などまったくないのです！大切なのはその勇気ある認識の、上手な使い方だと思うのです。

ファッション誌を見てください。男前と美人が洋服を着ております。もうおかしいと思いませんか？　そりゃあ似合いますよ。笑っちゃいますよ。

世界中にある衣服のすべては、男前と美人が着れば大概似合いますよ。

鎧だって、鎖カタビラだって、布の服だって、ワラの服だって、なんだって似合いますよ。映画『テルマエ・ロマエ』の阿部寛さん、無敵でしたもの。サッカーのイタリアワールドカップの開会式で、ヒモみたいな服を着た女性モデルが歩いておりましたが、似合いすぎてて鼻血出そうでしたよ。こっちがヒモを身につけて外に出たら即逮捕ですよ。アパレルという言葉など、僕からしたらもうパラレルに聞こえます。僕らにとってファッション誌には罠しかありません。買う前に、その雑誌に自分の顔写真を貼ってみることをオススメします。

流行を追わないことは怖いです。

僕らブサイクブス連合国の国民にとって流行から遅れることはまるで死を意味するかのようです。毎年毎年凄まじい速度で目の前を走り抜ける勝ち組駅行き・流行超特急の外側に僕らの仲間がたくさんしがみついております。バンバン振り落とされて、血だらけになっても線路を走っております。僕も昔は足を引きずりながら、時間と金を費やして走っておりました。

しかし皆様、本当に「流行＝おしゃれ」なんでしょうか？　流行の服というのは要するに、みんなで同じような洋服を着て当たり障りがないようにしよう！　という概念からできあがっています。もっと言えば、思春期に最低限の洋服のルールを学ぶのが流行というものなのではないでしょうか？

流行という魔物が匂わせる安定感・安心感はハンパないです！　自分の顔が整っていないということを地獄の修行の末に認めることができたとしても、だからこそ劣等感が生まれ、安定感・安心感を求め流行に飲み込まれる。このブサイクスパイラルこそが最も問題なのです。しかし、金持ちや顔の整った人たちが作ったレールに乗る必要があるのでしょうか？

そのレールには、先に共和国の人々が乗っていますから何も残っておりません。わずかに残ったペンペン草を仲間で奪い合うくらいしか未来がないのです。

流行を知っておしゃれのイロハさえ手に入れれば、あとは自分の好きな服や自分に似合う服を探すことこそが、僕らの生きる道ではないでしょうか。

好きな時代、例えば70年代のイギリスが好き！　中世ヨーロッパの貴族の服が好き！　とか、とにかく黒が好き！　チェックが好き！　でもいいし、矢沢永吉が好きだからマネる！　きゃりーぱみゅぱみゅが好きだからマネる！　でもいいのです（ちなみに僕は、日本には昔からカラフル枠というものがあると思っていて、きゃりーさんの前が篠原ともえさんで、その前が志茂田景樹先生で、元祖が前田慶次だと決めつけています）。

流行を意識してもいいけど、とにかく他人など関係なしに好きなものを着る。そこに時間とお金を使えれば自分の心や個性と洋服が溶け合い始めて、いつか絶対におしゃれな雰囲気が出てくると思います。そう信じています！

というか、そもそもおしゃれって必要なのか？　モテたいからおしゃれさんを目指すのか？　などなどはこの先に出てきますが、まずは流行から解放されてみませんか？

ジョババババ
ジョッ
ブーン
ジョバババ
ガッガッ

# ❷ 髪型は究極の無造作で！

「自分は努力しています」ということが他人にバレてしまうことには、かなりのリスクが伴うと考えます。

誰が見ても「あっ整髪料つけてるな！」と気づかれる髪型は「僕、頑張ってます！」と頭髪が言っているようなもの。髪の毛は口ほどにモノを言う！　状態です。誰だって人間ですから、頑張ったら誉めてほしい。

しかし、社会は世知辛いです。とくに日本では努力を人に見せないことが美学だという風潮が残っていますから、なおさら努力のアピールは危険です。かまってちゃんという言葉すらあるこの世の中、恐ろしいことこの上ありません。もう言ってしまいますが、

**すでに顔が遊んでるんだから、毛先で遊ぶな!!**

ということです。僕がすでに数万回と自分自身に投げかけた呪文です。ちょっとキビシめの

強い言葉ですが、残念ながら僕らの顔は僕らの祈りとは無関係に遊びまくっているのです。僕の顔なんかかなりの遊び人です！　レベル99です。

顔が整っているからこそ、髪型や毛先で遊べるのです。基本的に首から上に遊び心は２つもいらない!!　と思いませんか？　流行の服の項にも書いたように、流行の髪型には絶対に気をつけてください。イケメンや美人と同じ髪型をしても、向こうサイドに無駄にいいパスを出し続けているだけになってしまいます。

世の中には様々な整髪料が溢れ返っています。ワックス、クリーム、ジェル、スプレー、ポマード……。だけど僕は軽く整える程度か、あるいは一切使わないことをオススメしたいです。

「清潔感を出すために！」。もちろんこれはもう別枠です。仕事柄、どうしても清潔感が必要な方もいると思いますので、そういう理由で多用している方には何も言うことはございません。

洋服と同様、髪型において危険なのは他人の目を気にするということだと思います。モテたい！　だからカッコよくなりたい、かわいくなりたい！　当たり前の心理だと思いますが、この本を読んでくれているということはブサイクブス連合国のパスポートを持っている方ということですよね？　だとしたら、男前美人共和国の住人と同じやり方ではダメなのです。だって国が違えば、法律や習慣だって違うのですから。

向こうの国で決められた、向こうの国の住人だけが過ごしやすいルールにのっとって生きていくことは間違いなのです。もちろん向こうの国に憧れる気持ちも痛いほど理解できます。だからといって生まれたときに産声《うぶごえ》と共にしっかりとその手に握ったブサイクブス連合国のパスポートを捨てるのですか？　整形手術という手を使って、向こうの国の永住権を手にしますか？

どうか早まらないでください！　お願いします。僕らは、いざとなったら勇気とお金と周りの理解さえあれば、メスを入れて向こうの国のパスポートを手にすることができますが（実際に知らぬ間にワイドショーの「整形にはいくらかかるのか？」という企画で整形前の顔の例として僕の顔が使われたこともあります。ちなみに僕があちらの国へ行くためには300万円ほどかかるそうです……）、向こうの住人がこちらのパスポートを手にする確率はほぼゼロなのですから。だって誰がブサイク＆ブスになるために整形手術しますか？　そうでしょう。向こうの国からこちらには来れないのです。

整形手術をしなくても、もしも何かのタイミングで急にモテたりしたら、ブサイクブス連合国民でありながら男前美人共和国の景色を見られる可能性が僕らにはあります。だけど向こうからこちらの国に入国することはできません。なぜならこちらの世界の景色を理解することは到底無理でしょうし、男前や美人が「オレってブサイクじゃんか?」「あたしってブスだから」などとカラカい半分で足を踏み入れたら、ブサイク警備隊が黙ってはいません。そんな嘘くさい言葉を僕らは聞き逃しませんから!

向こうの国のパスポートでは入れない国もあるのです。なんだかこちらのパスポートを持っていることで得した気分になりませんか?


話を戻しましょう。カッコよくなりたい! かわいくなりたい! そのために髪型をキメたい! しかし、キメるということは何かあったら崩れるということと表裏一体です。森羅万象のルールです。諸行無常の響きありです。

お寺や神社ではワザと柱を逆にしたり屋根の瓦を外していたりするそうです。なぜなら完璧なものは崩れるしか道がないから。要するにあえて未完成にし、絶えず成長過程の状態にして末永く存在するようにという願いが込められているそうです。

中学の頃の僕は、恥ずかしながらジェルで前髪を立てておりましたよ。テンパのくせに整髪に時間をかけていましたし、浪人生の頃はストレートパーマもかけました。そんな恥ずかしい過去があるから胸を張って皆様に提案できます。

僕はブサイクだから、私はブスだから、他人の目を気にして髪型に時間をかけてバッチリとキメて、風が吹いたら気にして、汗をかいたら気にして、頭殴られたら気にして、整髪料の効果だって限界があるからそれも気にして、あれよこれよと気にして気にして、ヘルメットかぶったらまた気にして……。そんな時間はもう終わりにしましょう！

みなさんの大事な時間と何よりも貴重な心配りをそんなことで浪費しても成果はとても小さいのです。なぜなら共和国のあいつらは、僕らよりも短い時間で成果の大きい髪型をキメられるのです。違いますか？　負け戦なんですからここで戦う必要はないのです！

では僕たちはどんな努力をしたらいいのか？　ブサイク・ブスを受け入れることです。それでも自分に似合う髪型はあるはずですから、それを探して決めたらいいのです。他人の目を気にしないならばアフロでもモヒカンでも白髪でも、好きなようにやればいいと思います。

洋服と同じように好きなことを追い続ければ、独自の空気が出る。「冒険はしたくない！冒険はできない！」という方もいると思いますが、本当にカッコつけるなら、髪型そのものにもこだわらず整髪料もつけずに軽く整えるだけで十分だと僕は思います。ブサイクがカッコつけてるのを気づかれたときのダメージはデカいです。

ブサイクの最高のカッコつけはカッコをつけないというメビウスの輪です。さあ髪型からも解放されましょう。

# ❸ 穴はあけるな!!

ピースの又吉が言っていた話を聞いた僕の元相方が、当時、笑いながら僕に語ってきたことがあります。その内容は、

「例えば街を歩いていて前から人が来る。その人の顔を見たときに『あっ、ブサイクだなー』と思ったときの脳の動きは、ケガ人に出会ったときの脳の動きと同じらしい。どちらの場合も脳の同じ回路を電流が走るらしいよ」

元相方はこの話をケタケタと笑いながら熱弁していたんですが、僕が彼を殴る理由としたら十分だし、時代と場所が違えば銃で撃っても許されたと思います。ということは、ちょっとしたブサイクに出会ったときと捻挫した人に出会ったときの脳の動きが同じということになり、ハイレベルなブサイクに出会ったときなんかは包帯グルグル巻きのケガ人と出会ったときと同じくらいになるのでしょうか？

みなさんはケガをした人を見たときにどんな感情が体を走りますか？……そうです、同情です。そう、心配やら同情が湧き起こるのがまともな人間だと思います。ということはで

すよ、僕らは誰かに出会った瞬間にいつも同情されているのです。ファック!! 柔らかい何かがあったら体力が尽きるまで殴り続けたい気持ちです、私!! 安い焼き肉屋に行って口のなかでなくなることのないホルモンを噛み切りたい衝動です!! 僕はこの本を書き上げるまでに何回涙を流せばいいのでしょうか? この説が、どこかの脳科学者の間違いであることを祈るばかりですが、なんとも凄まじい話です。

この話をされてから数年後のことです。僕はあるかわいい女の子と知り合い、彼女もいなかったので飲みに誘いました。

僕は自分の顔がブサイクだと認識していたので、30代前半くらいまで女の子と2人でご飯に行くのが嫌で嫌で仕方なかったのです。だってもしも僕がどこかのお店で、相当なブサイクとかわいい子が一緒に食事をしているのをたまたま見たとしたら、自分のテーブルの話題に使ってしまうかもしれませんから。若い頃の僕の心はこんな風にだいぶ歪《ゆが》んでいたとは思います。でも実際に僕は、大学生の頃に彼女とファストフードを店で食べていたら、隣の女子高生に笑われたことがあるのです。さらに、彼女とクレープ屋の列に手をつないで並んでいたら、前の女子高生が振り返って僕らを見て大爆笑したこともありました。なのでトラウマのようになった時期があって、女の子をお酒に誘ったこのときも、明るい店は避けて間接照明がおしゃれな薄暗い店を選びました。

そんな店で2時間くらい飲んでいて、女の子も結構酔い始めてきてなんかいい雰囲気が流れ始めた頃でした。その言葉は急に放たれたのです。

「あのーやしろさん、今日、顔ケガしてますか？」

僕の記憶が確かならば、僕の口から飛び出た心臓が中ジョッキのなかに落ちてビールごしに少し黄色に見えていました。良かれと思って選んだ間接照明が僕を追い込んだのです。顔の凹凸が無茶苦茶な僕の顔の陰影は彫刻刀で彫った版画のようになっていたのです！

いよいよ光さえも敵になりました！　明るいところも薄暗いところもダメ！　もう僕は闇のなかで静かに生きていこうという覚悟すら決めました。元相方と又吉が僕の頭のなかでケタケタ笑うので動揺してしまいましたが、なんとか冷静な態度を装って質問に答えました。

「え？　顔はケガしてないよ」

クソつまらない返し！　芸人失格であります！

しかし、アルコールに酔って殺傷能力のタガが外れた彼女は、

「え？　だってケガしてるじゃん！　顔の影がおかしいじゃん!!　大丈夫？」

なぜか絶対零度でカチカチになったバラが、粉々になる映像が頭に流れました。

「あっ、もしも顔をケガしてるとしたら、お母さんのお腹から出てくるときにしたのかもね（笑）」

僕のなんとか振り絞ったボケも彼女の、

「フザケないでいいから！　本当に大丈夫？　無理してるなら今日は帰る？」

という青竜刀のようなやさしさで真っ二つにされました。血だらけで2つになったボケを残し、ジョッキから心臓だけを回収して僕は走るように店を出ました。もちろんその子とはそれきりであります。


ブサイクを見たときとケガ人を見たときの脳の働きが同じ。それを通り越してブサイクというだけでケガ人だと思われた。もしも人間の価値を決めるもののひとつが、相手に安心感を与えることだとするならば、顔を見せただけで心配され同情されてしまうことはなんと罪深いことなのか。シェイクスピア先生、どうかこの悲劇を戯曲にしてはくれませんか？　安西先生、僕、普通にお酒が飲みたいです。

目は一重です。鼻は低くてなんなら少し上がったブタッ鼻です。唇はタラコくちびるで、開けたら無駄にデカい口です。歯並びはデタラメで出っ歯です。ホオ骨も出てます。髪の毛も強めの天然パーマです。見た目とは関係ないですが、目が悪いです。鼻炎です。音痴です。ときに耳鳴りがひどいです。

顔面がトラブルの宝石箱です。

若い頃の僕はたくさん傷ついてたくさん悩みましたし、神様を恨んでルシファーと悪魔の契約をしようとミミズやトカゲを集めた夜もありました。だけど、今はモーマンタイです！　楽しく生きているからこそ、この本を書いているのです。

かなり前置きが長くなってしまいましたが、ここでのメッセージはピアスについてなのです。

## ケガした顔に穴をあけちゃダメだ!!

僕らの国の住人は、どうやら生まれたときに顔をケガして産声をあげたらしいのです。普通に会っても心配やら同情されてしまう僕らは、耳ならばまだいいのですが、もし鼻や口やマブタに穴をあけてしまうと、初対面の相手に心配される度合いが相当に上がるということでもあるのです。

大事なことなので繰り返しますが、すでに顔が遊んでるんだから首から上で遊び心は2ついらないのです！　だから毛先で遊ばない。それと同じで、ブサイク&ブスはすでに顔をケガしているわけだから首から上にケガは2ついらない！　ということです。

ケガをしている箇所に穴をあけるというのは、もう正気の沙汰ではございません！　ブラックジャックのトリッキーなオペよりもファンタスティックな行為です。ケガに穴、おしゃれを通り越してもうアートです。アートになっていればまだ良いですが、一歩間違えれば他人からはサイコ野郎にしか見えません。

歩くだけでサイコな世界観を振りまいてしまいますから、相手に心配されるどころか恐怖心を与えることにもなりかねません。

こうなるともう「顔面ヤクザ」です。電車内の半径5メートルの方々の背筋を凍らせてしまう結果になるかもしれませんから、どうか顔に穴をあけるときは慎重に考えてから決断してください。

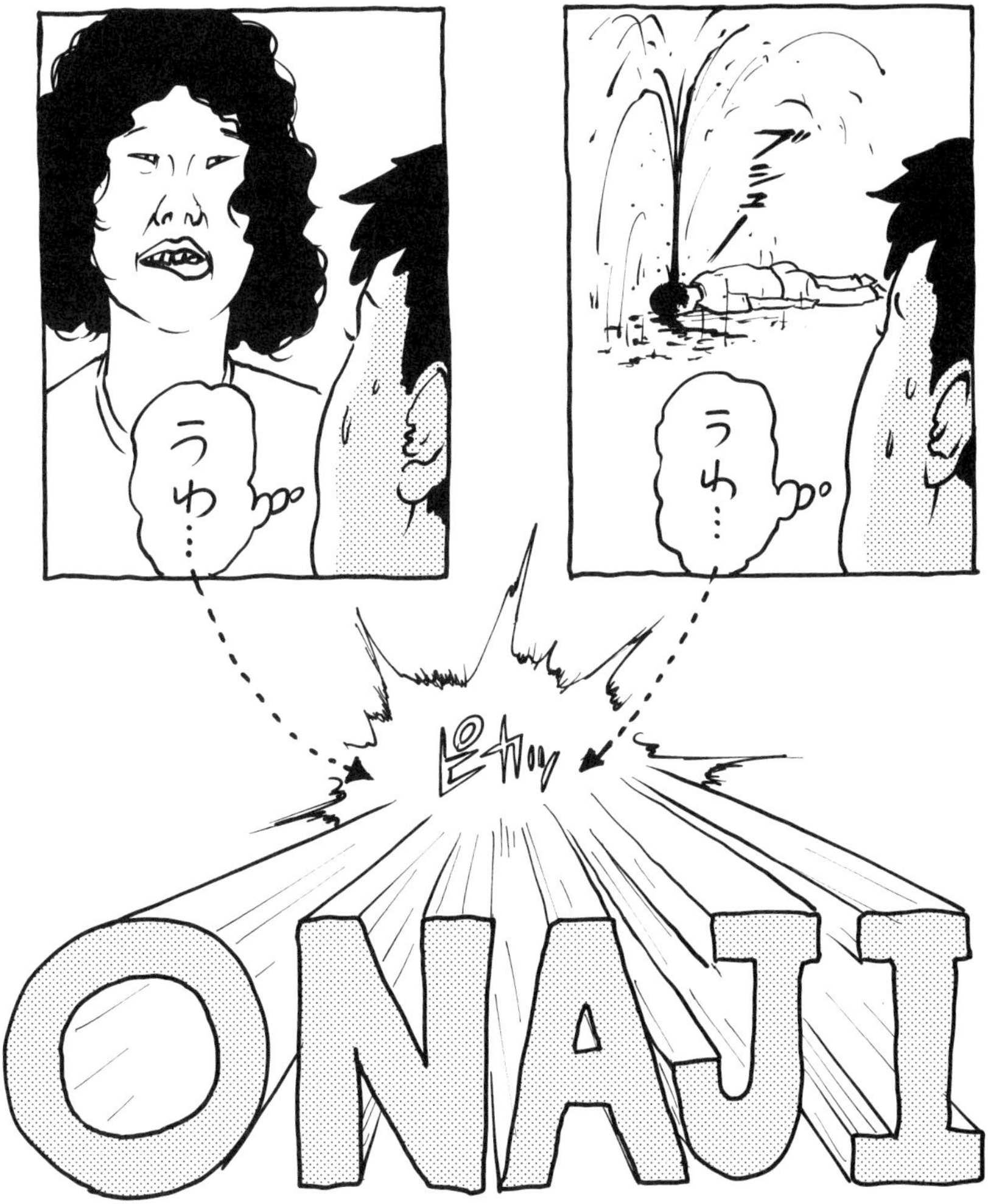
ブシューッ
うわっ…
うわっ…
ピカッ
ONAJI

## 4 スピード出しすぎ注意！

電車の駆け込み乗車は危険ですからおやめください。小さい頃から言われていますし当たり前のことですが、ブサイクな方はとくにお気をつけください。

懺悔しますが、過去に僕は遅刻しそうになって駆け込み乗車をしたことがあります。なんとか乗車できて安堵して周りを見たら、安心した僕を見て車内の空気が小さくザワザワしました。そりゃそうです。だって平和だった車内にいきなり顔をケガした男がスゴい速度で入ってきたのですから。

朝の満員電車にゆっくり乗ったときでさえ、それだけでなぜか僕を見た人たちが距離をとり、僕の周りに小さなミステリーサークルができました。パンパンの車内に余裕などなかったのに！　もちろんこのエピソードは僕が芸人として世に出る前の話です。

あるとき、急いでいた僕は徒歩でスピードをあげたまま角を曲がってしまい若い女性とぶつかりそうになってしまいました。その瞬間お互いにブレーキをかけて止まり衝突は免れたのですが、止まった女性が急に目の前に現れた僕の顔を見て、持っていたバッグを落としました……。そんなことあるだろうか？　そこまでの衝撃が彼女に走ったのだろうか？　今どきドラマのなかでだって驚いた女性がバッグを落とすことはありません。

人間が瞬間的にカバンを放棄するケースなんてスラム街でピストルの銃口を向けられたときくらいじゃないでしょうか。ということは、マイフェイスはピストルと同じ威力ということです。マグナムフェイスです！　もうこうなったら自慢です！　ですから皆様、

## ブサイクは速度を出すな!!

ということです。電車にもゆっくり乗ってください。角もゆっくり曲がってください。マウンテンバイクよりママチャリに乗ってください。陸上競技を志すなら投てき系にするか、最悪競歩にとどめてください。できれば跳躍系も避けたいところです。犯人を追いかけるときも走っちゃダメ。むしろ顔というマグナムで犯人の足を止めてください。水泳でも潜水からの急な浮上は禁止です。

そして、我がブサイクブス連合国では後ろからの「だーれだ！」は法律違反です。暗いと

ころから明るいところに出るときはとくに注意が必要です。夜から朝への変化のタイミングも慎重に行動してください。フルフェイスのヘルメットをとるときは周りに人がいないことを確認してください。お祭りでもお面は買わないでください。被ったところでお面がパンチ力で負けてかわいそうです。5歳以下の子どもへの「いないいないいないバー」は100万円以下の罰金、もしくは5年以下の実刑です。急に高いところから落下してもダメです。下からも飛び出ないでください。

もうキリがないんですが、要するに顔を出すときの速度だけは気をつけてください。

男前が速い速度で移動すると女子はキャーキャー言いますし、目の前に美女が急に現れれば男子は運命の出会いだと勘違いしますが、ブサイクやブスが急に現れると「なんだよ驚かすなよ！」とだいたい言われます。そんなときは「別に驚かしてねえよ！」と心のなかで毒づくことしかできません。

普通に生活していても他人にサプライズを与え続けている僕らが、無理にサプライズを演出すると破壊力が高すぎますので、細心の注意を払って綿密な計画を立てて実行してください。

最近ではなるべく早めに家を出て、5分前行動をするように心がけています。ちゃんとした大人になりたいわけではありません。ちゃんとしたブサイクになりたいだけなのです！
「急がば回れ」こそブサイクブス連合国民のためにあるような言葉だと思います。急いでモテようとしても、急いで人生を成功させようとしても、ブサイクやブスは落とし穴に落ちたり、他人を驚かせたりしてしまいます。だけど僕たちだって急がば回れ精神で進めば、確実に遠くまで行けるはずです。友だちだって恋人だって仕事だってスポーツだってなんだって、大切な人や大事なモノを手に入れるときはとてつもなく非効率だと思います。非効率なことは時間も心もたくさん使うから面倒くさいけど、絶対に人生を楽しくしてくれます。楽なことと、楽しいことは似ていてもまったくの別物です。

ブサイク&ブス道を歩いていくことはとても困難かもしれませんが、僕たちがイケメン&美人道を歩く過酷さよりは100万倍容易です。向こうの道はきらびやかに見えるかもしれませんが、こちらの道をちゃんと歩ければ安全で幸福に満ちています。急に宗教本みたいになってしまいました。急いじゃダメでしたね。すみません（笑）。

キャー
ギャー
キャー
シュッ
スタッ
ひっ
パリン
パン
パン
パン
シュ
シュッ
キャー
うっ
スタ
シュッ
パリン
キャ
キャ
キャ
キャ
キャ
キャー
キャーッ

# 5 におうな！！！

ブサイクと不潔、混ぜるな危険！　これは小学生でも分かる方程式です。僕はよくお風呂に入らないで元相方に「ブサイクで不潔って終わりだよ」と怒られていました。何人かには「その神経が分からない」と言われたこともあります。振り返ってみると自分でも理解できませんが、今でもキレイ好きなわけではありません。

そしてここでのテーマは嗅覚的な話。僕が若かった時代よりも今の男の子たちは様々なことに気をつけているし、香水的なものをつけてる方もよくいます。僕が思春期の頃でも部活のあとに８×４（エイトフォー）みたいなものでケアしている友だちもいました。

例えば部活終わりで男前が汗くさかったとしても、女子はそれはそれで良いのです。ここまで読んでくださったみなさんならすでに理解してくれていると思いますが、イケメンだったら許されることもブサイクだとダメなことが世の中にはアマタ存在します。それのひとつが臭いです。

## ブサイクは臭うな!!

努力の結晶！　青春の産物！　キラキラとした汗でさえブサイクにはリスクなのです。「イケメン＋汗＝爽やか」。しかし、「ブサイク＋汗＝ヤバい！」になります。だからブサイクは自分の臭いに敏感です。ですが、この話はここから先が大事なのです。ここには落とし穴がありまして、この方程式だけではまだ未完成なのです。もしもブサイクな男が何か匂いを発するものを身につけてしまうとたちまち穴に転落です。

「イケメン＋いい匂い＝爽やか」。そして、「ブサイク＋いい匂い＝やっぱりヤバい！」になるのでありますす!!　悪魔の方程式です。結局、汗の臭いがしてもミントの匂いがしてもイケメンは爽やかなのです。そしてブサイクは汗の臭いがしても柑橘系の匂いがしてもヤバいのです。

## ブサイクは匂うな!!

そうです。「ブサイク＋a＝普通」とするには「a＝無臭」しかないのであります!! ブサイクはとことん無臭を極めなくてはいけないのです。生活していれば様々な匂いが体につきますし、いろいろな臭いが体から出ます。少なからずみんな気にして生きてますが、男前美人共和国は匂いの足し算を派手にやりたい放題ですよ。しかし、我が国では引き算しかないのであります。「打ち消し」「相殺」こそが最善の方法なのです。科学者のように地道にプラマイゼロになる道を探求するしかないのです。

よしもとの後輩にはもちろんブサイクがたくさんいますが、たまにすれ違ったときに香水の匂いがするときがあって、その違和感といったらもののスゴい。確かに仲の良い後輩たちももうおじさんですから加齢臭もグングン始まってるとは思います。それゆえ仕事柄、香水によってケアしているのでしょう。しかし、何か強いもので元の臭いを消してもプラマイプラで違う臭いが発生しているのです。

もちろん匂いの種類や強さも大きく左右するとは思いますが、仮にブサイクな男性が香水を強めにつけていたら絶対に女子たちは裏で「なんかヤバくなかった? 匂ってたよね、ブサイクのくせにさ」。

はい。被害妄想かもしれません！　そんなことは承知しておりますが、女子たちのこんな会話がないとは決して言い切れないのは事実であります。

もしもあなたが別に仲良くもない人に「臭い！」と言われたら、死ぬまで相手にしなくてもいいと思います。あなた自身の臭いは決して臭くなんてないです。たまに本当に臭いときもあるかもしれませんが、友だちだって恋人だって互いに「臭い臭い」と言って笑い合えることこそが幸せというものだと思います。

それにいつか必ずあなたの体をいい匂いだ、好きな匂いだと言ってくれる異性が現れるはずです。ですからその日まで自分の臭いを愛して過剰に気にしないであげてください。臭いからも解放されましょう！

キミ!!
フローラルに　あやまりなさい!!
フローラルに　あやまるんだよ!!
ほら早く!!
えっ!?
えっ!?
えっ!?
ドスドスドス

## 6 駆け引きはするな!!

恋愛における駆け引きを終わりにしませんか?

世の中には様々な本があって、「成功の秘訣」とか「勝つ為の10の方法」「プラス思考最高!」みたいな類のもので溢れているように思います。もちろんそういう本もちゃんと実践すれば結果はついてくるのだと思いますが、そこには勝ち負けや成功・失敗や効率・非効率みたいな概念が満ちているように感じてしまいます。

生活するなかでなんとなく疲れたり、なんとなく世の中にフィットしていない自分を感じていて、何かのキッカケになることを期待して手にした本の価値観にまた疲れる。そんなことを経験した人もいるかもしれません。

僕は日本で生まれ育ちましたし、この本も日本語で書いております。勝ち負けというのはどこか西洋的な発想の雰囲気もありますし、男前美人共和国は西洋文化のノリだと思っていま す。それに対し、ブサイクブス連合国は東洋文化的なノリで生きるほうが似合っていると思うのです。

勝ち負けや白黒をつけるよりも、争わず共存を、モテるモテないよりも友情や家族を大事にする。獣を倒して肉を食べるよりも、風や水と土を使って皆で米を作って食べて、結果よりも過程を重んじて、主張するよりも謙虚さを大切にして、個よりも和をもって、ブサイクやブスは成功や勝利に惑わされず、平和に穏やかに過ごすほうが合っている気がするのです。

「絶対オトせるメール術」「相手の気を引くSNS活用」「好かれる自撮り」といった好かれるためのテクニックや方法は僕らの周りに溢れ返っていますが、僕らが本当に手にするべきは上手な愛し方だと思うのです。

そもそもブサイクと駆け引きの相性はあまり良くないと思います。モテないからこそ駆け引きに頼りたくなりがちですが、駆け引きというのはモテる奴らの技なんじゃないでしょうか？　奴らがジャグジーに入りながら編み出して、個室の飲み屋で難しい名前のチーズ食いながら実践しているのが「駆け引き」という底なしゲームです。僕らは足湯に浸かりながら相手を想い、安いハイボールで酔いながらドキドキしませんか？

駆け引きそのものが悪いことではなくて、駆け引きというのはビジネスや政治で使うものであって恋愛や友情関係に使うものではないはずだと、僕はそう信じています。

男前や美女が恋の駆け引きで悩んで、夜のベッドで悶々としている。これは恋愛ドラマです。ブサイクやブスが恋の駆け引きで悩んで、夜のベッドで悶々としている。これはコントです。僕は自分が恋愛の駆け引きをしようとしていたら、すぐに客観的に見て自分の滑稽《こっけい》さを笑うようにしています。美人とかブサイクとか若いとか中年とかそういうものは一切関係なく、恋で悩む人間は素敵です。素直に思います！　しつこいようですが、僕は恋に対する駆け引きは無意味だと思ってしまうのです。そして、駆け引きがもたらす副作用がイヤなのです。

もしも駆け引きをして恋人を手に入れたとして、その恋の雲行きが怪しくなってきたらまた駆け引きをしたくなりませんか？　なんなら恋の終わり方だって駆け引きにしてしまいそう。今はどんな状況にでも対応できる駆け引きの方法がネットや本などからいつでもどこでも手に入るし、駆け引きをすればするほど駆け引きはうまくなるわけで、もうそうなったら僕らは底なしの駆け引きスパイラルから逃れられなくなってしまって、本当に大事なモノが目に入らなくなるような気がするのです。

## ブサイク&ブスにはどうせ似合わないし、リスクもあるから駆け引きしない！

経験が豊富なほうが偉い！　世の中にはそんな風潮がありますが、死ぬまでにひとりとしか付き合っていない人が誰に負けたというのでしょうか？　そりゃ僕も男だからぶっちゃけ多くの女の人とチョメチョメしたいですが、人生でひとりとしか関係を持たなかった男性ってカッコイイ！　そう思わないですか？　ということは死ぬまでに愛し合うことができる相手がひとりいれば、それでもう幸せなのです。

女の子を好きになった男の子が、長い片想いの時期を過ごし、気持ちを抑えられなくなって電話して告白する。なんの駆け引きもなしに告白して見事にフラれる。彼の投げたストレートはあっさり打ち返されて失恋大ホームラン！　彼は落ち込み泣いて、時間が流れてまた恋をして告白をしようと思うが前回のことがあるので、次は投げるボールの角度・速度・変化の仕方などなどを考えて投げる。これが「経験」というものかもしれません。でもこれは経験の暗黒面だと僕は考えます。

前回はフラれたが、自分は誠実に告白できた。結果は出なかったけど決して間違いではなかったハズだ。だからまた同じように告白というボールを投げる！　僕はこれが経験だと思うのです。結果的にまた大ホームランを打たれてしまうかもしれないけど、こうしてこの男の子の誠実さは性格に反映されていくのだと思います。

男前や美人はわりと無造作に告白しても付き合えてしまうから羨ましいですけど、その分、経験という意味では損をしているのかもしれません。

勝ち負けよりも、成功や失敗よりも、もっと大事なものがあると思います。それを手にするには時間がかかるかもしれませんが、手にすれば揺らぐことのない心が生まれます。もちろん誰だって失敗はしたくないですが、失敗しても決してそこで終わりではありません。失敗の数が多くても問題はありません。なんなら最後に大きなものを手にすることのほうが気持ちよくないですか？　大きな、大きな愛を。

男前美人共和国の住人の視力が駆け引き祭りで低下している間に、どんなに笑われたって僕たちは駆け引きなんかに目もくれずに経験を重ねて、確実に大きな愛に近づいていきましょう！　広い目で見たらいつだって僕たちブサイク&ブスのほうがチャンスに溢れていると真剣に思っています。このパートはボケなしで書きました！

## 7 そのペットボトルには入るな！

前のパートでボケなかった分、このパートでは大胆にボケます。飛躍し、妄想します。どうかついてきてください。さて……

**絶対にカラのペットボトルには入らないでください（笑）。**

あれはゴキブリでいうところのゴキブリホイホイみたいなものでございます。興味本位で入ったら最後、自力で出ることはほとんど不可能。万が一入ってしまったら無理に脱出を試みないで、じぃーっと体力を温存して、助けが来るのを長い時間待つ覚悟が必要です。

そのペットボトルが水分で満たされていれば楽しく遊べる可能性も十分にあると思います。なぜならば僕らには強い味方、浮力さんがついているからです。だけどカラの場合だと、なかなか自力では逃げられず、しかも落下した際にダメージを負う確率がとても高いのです。

そして僕らブサイクがカラのペットボトルに入ってはいけない一番の理由が、

## 手に取った人に振られるからです!!

僕らが入ったペットボトルを、もしも男性が発見してくれたならまだ救いはありますが、女性だったらイッカンの終わりです。女性はペットボトルを持ち上げ、なかの僕らを見てブサイクだと認識したら、確実に振ります。カタカタ振ります!! 僕らはスゴい速さで透明で固い壁に何度も体を強く打ちつけることになるでしょう。これに関しては、

## 100パーセント、ガンガンに振られます!!

ブサイクだけじゃありませんよ。自分がブスだと認識している女性の皆様、絶対にカラのペットボトルが目の前にあっても入ってはいけませんからね。そのペットボトルを手にしたのが男性ならば確実にあなたはカタカタ振られます。ブスは確実に振られます! あなたが思っている以上の高速でカタカタ振られます!

僕はペットボトルが怖くて眠れません。異性から見たらブサイクブス連合国の住民は「イジってよい相手」なのであります。イジってよいとは何か? 多少は傷つけてもいい存在な

のです。なにかしらの実験を試してよい相手なのです。絶対に、絶対にカタカタ振られます。男の方に問いたい。もしもカラのペットボトルに小さな小さな美人が入っていたらどうしますか？　そうです。大事にします。そのまま観賞して癒されるも良し、静かに斜めにして救い出し手のひらに出して会話するも良し。とにかくやさしくしますよね。しかし、ペットボトルのなかにブスがいたらどうしますか？　そうです、振るんです。そこに悪気はないのです。

逆もしかりです。女性だって絶対にブサイクを振ります。親指と人差し指の２本だけで無造作に無慈悲にカラカラ振るでしょう！　そうして僕たちが「痛い痛いやめて！」なんて面白い顔で嘆願なんてしようものならケタケタと無邪気に笑って、

**また振るんです!!**

殺す気か!!　なぜに僕らは無邪気に殺されなくてはならないのでしょうか？　地球に攻めてきて大猿になったベジータに全身の骨を砕かれた悟空のようになっても絶対にピクリとも

動いてはいけません。女性はペットボトルを振り、プラスチックに叩きつけられた僕たちを笑い、手を止めて様子を見ます。そんなときに動こうものなら「死んでるの？　なんだ生きてるじゃん」と言って、

**また振るんだよ！！！！**

悔しいです！　ザブングル・加藤さん、お借りします！　「悔しいです‼」。

とはいえ痛みに耐えて死んだフリをしたところで生存確認のためにたぶん振られますけど。

恐怖はそれだけではありませんよ。もしもブサイクがペットボトルに落ちてしまって女性に見つけられたら、

**キャップを閉められる可能性もある‼**

この確率もかなり高いです。振る確率は１００パーセントですがキャップ閉め閉め地獄の

可能性も50パーセントくらいあります。「なにこのブサイク？　ウケるー！」と笑いながら軽く振って「なんかちょっと怖くない？」なんてニヤニヤしながら友だちと話をしながらキャップを閉めやがるのです。数分間は僕らも頑張れますが、徐々に酸素が足りなくなっていきグッタリします。その間、僕らをゆったりと観察する興味も集中力もない女子たちは、引っ越しの予定もないくせにネットでマンションの物件なんて見ながらピーチクパーチクとケダルいおしゃべりを繰り広げるのです。こちらを見ろ‼　プリーズギブミー空気‼　僕らのか細い声はペットボトルのなかで反響するだけで、彼女たちどころか神様にさえ届くことはないでしょう。そうして静かに意識が消えていくのです。

どれくらい気を失っていたのだろうか？　首に力を入れて上空を見上げるとペットボトルの口が開いている。気絶してすぐに女がキャップをハズしてくれたのだろうか。僕がゆっくりと起きあがった気配を感じたのか女がこちらを見た。女は「なんだー良かった。生きてるじゃん！」そう言って、

**ペットボトルをカタカタ振った。**

キャッ
キャッ
ガン
ゴン
ゴキ
バキ
あ〜〜…
これ
アバラ いってんな〜…

## 8 腐ったら負けだ！

本当に美味しい料理であれば多少腐っていても食べる価値があると思います（もちろん食べないでくださいね）。でもマズい料理が腐っていたら、食べてもリスクしかない。そんなもの誰が食べるというのですか？

昔見たドキュメンタリー番組でホームレスの方の特集がありました。仮に主人公を源ちゃんと呼ぶことにしますが、その源ちゃんは深夜の商店街や繁華街を練り歩き、不法行為なのだろうけどゴミ捨て場や店の裏などにあるゴミ袋をあさり、食べられるものを物色するのです。悪いことでしょうけど生きるためであり、ちゃんとゴミ袋はきれいに結んで戻します（良い子のみなさんはマネしないでくださいね）。

密着しているディレクターが源ちゃんに聞きました。「なかには腐ってるものがあったりするんじゃないですか？」「あるよ。だいたい臭いでわかる」。淡々と質問に答える源ちゃんをずっと見ていると『プロフェッショナル 仕事の流儀』か『情熱大陸』を見ているような気持ちになってくる。よくよく考えれば、そりゃそうなのです。だって源ちゃんは路上生活のプロですから、僕らの知らない世界の、僕らの知らない知識を豊富に持っています。「昔の食い物は腐れば臭ったから時々しか腹をこわさなかったよ」。渋めに源ちゃんが語るとディレクターが「今の食べ物は違うんですか?」と問いかけます。すると源ちゃんは答えました。「最近の食い物は腐らない。腐っても臭わない。おかしな話さ」。深みがある！　黒い画面に白字でこの名言だけ出したいほどです。妙に説得力があって納得しましたし、なにか大事なことがこの事実に隠れてるような気がしました。そして源ちゃんがディレクターに警告しました。「いいか?　ゴミ袋のなかで腐った臭いがしなくても絶対にフィッシュバーガー系だけは食うなよ！　あれが腹にあたったら終わりだ」。

ミステリアスです！　とにかくゴミのなかのフィッシュバーガー系は食べてはいけないという教訓だけは僕の心に強く刻まれましたが、そもそもそのディレクターがゴミ袋を広げることはおそらく一生ありません。

ということでまた前置きが少し長くなりましたが、僕たちはフィッシュバーガーになってはいけないのです。そして絶対に精神的にも腐ったらダメなのです。僕らが腐ったら、

## 源ちゃんだって食べてくれないよ！

いよいよ太くする文字まで狂ってきました。

ここまで、イケメンがやれば許されてブサイクがやれば嫌がられる事柄をいくつも紹介してきましたが、今回の案件はそうではありません。イケメンでも腐ってしまえば周りから避けられますしチャンスを逃します。「心が腐る」ということはそれだけ致命的なことなんだと僕は考えます。そりゃ誰だって腐ることもあるし腐りたくなることもあるとは思いますが、ずっと心が腐っている状態だけはなんとしても避けなければいけません。

腐ったイケメンは偶然にも誰かに愛されたりすることがあるかもしれませんが、腐ったブサイクの世界には天国からの蜘蛛の糸は垂れてはきません！　夫婦ゲンカは犬も食わないといいますが、腐ったブサイクは源ちゃんも食べないのです。

腐るってなんでしょうか？　簡単に言えば卑屈になるとか諦めるということなのかもしれませんが、問題は腐ったあとだと思うのです。さっきも書きましたが腐ることは誰にでもありますし、生まれてから死ぬまで一度も腐らないことのほうがミラクルです。あり得ません。卑屈になってもいいじゃないですか！　諦めたっていいじゃない！　腐ったらそこで何かを手にして蘇生すればいいと思いますし、もっと言ってしまえばイヤなことがあって卑屈になって諦めてからしか、手に入らないものもたくさんあります。

ブサイクブス連合国の愛すべき国民の皆様、僕たちが諦めるのは男前美人共和国のような生活を諦めるだけでいいのです。幸せになること・楽しい人生を歩むことを諦める必要は一切ございません!!

僕らの国では、マンガやアニメやドラマの世界のような出来事は起こりませんし、魔法も使えないですし理想の異性なんて登場しません。そんなものへの期待などさっさと捨てて、ブサイクやブスを受け入れて唯一無二、無双の楽しい人生を歩こうではありませんか！

「どうせ俺はブサイクだから」「どうせ私はブスだから」。そこで言葉を止めてしまえば卑屈であり諦めかもしれませんが、辛い辛い戦いを経て【自覚】というスタート地点までせっかく来たのですから、そのあとに好きな言葉を続けてみませんか？

「どうせ俺はブサイクだから、他人なんて気にしないよ！」

「どうせ私はブスだから、好きな服を着てやるわ！」

「どうせ僕はブサイクだから、誰もが嫌がることをやるんだ！」

「どうせ私はブスだから、自分よりも他人を愛し続けるわ！」

「どうせ連合国の住人なんだから、だから楽しむよ！」


僕らは言葉を止める必要はありません。僕らが負けずに言葉を続けていれば、必ず僕らの言葉のあとに言葉を繋げてくれる人が現れます。それが異性なのか同性なのか分かりませんが、まずは誰かひとりでも僕らの言葉に続いてくれればあとはもうキラキラの確率変動です！　ブサイクのプロである僕が言うのですから信じてください!!

ここまでアタマから読んでくださった方々、本当にありがとうございます。さあ、第１章が終わりました。いよいよ連合国による反撃が始まります。

くさったら負けだゾ!!☆☆

# 第2章

# ブサイクはこんな女を狙え！

# 1 ブランド好きは無理だ！

第一段階で自分の顔面のクオリティーを自覚して、第二段階で男前や美人が作った偏ったルールに巻き込まれないように損を回避する考え方をご紹介しました。そして次なる段階はいよいよ自分に合う異性の見つけ方です。

この章では顔に自信がない男性がどういった女性にアプローチしたら恋が成就しやすいのかを僕なりに分析した結果を書いていきます。相手をちゃんと観察すれば、ブサイクと相性が良い異性なのか、それともブサイクを無駄に傷つける相手なのかをある程度は判別できます。

見た目や他人の目など関係なしに心の底から愛し愛されるパートナーを見つけることが、【顔面からの解放】の一番の近道です。ぜひ参考にしてください！

男性から見ると女性は例外なくブランド品が好きなように感じますが、ひとりひとりを見ていくと、その度合いはそれぞれバラバラのようです。

僕はずっと平日はラジオのパーソナリティをやっているのですが（TOKYO FM「Skyrocket Company」）、番組には毎日多くの方から書き込みをいただきます。印象的な書き込みは多数ありましたが、あるとき、ある社会人の女性からとんでもなく驚かされた内容の書き込みがありました。

「街を歩いているとき男性は女性のことスゴく見ていますが、見られてる女性は見られていることにだいたいは気づいています」

そうなの？　と思いましたし、過去の自分を思い返して恥ずかしくなり、これからは気をつけようと思いましたが、僕が驚愕したのはそのあとに続く文章でした。

「ちなみに女性は街を歩いているときは男性を見ることは少ないです」

ん？　男性は女性を見てるんだから女性も男性を見てるに決まってるじゃないか。それが哺乳類というものでしょ？　オスとメスでしょ？　ん？　あっ、そうか景色とか店とかを見て歩いてるんだな。なんてことを心のなかで考えていると書き込みの文章が続きました。

「女性は外を歩いているときは結構な割合で女性を見ています」

え？　ん？　どういうことだ？　女性は女性を見てる？　ってことは誰も男のことなんて見てないじゃん!!　大いなる衝撃とあまりの男性の滑稽さに大爆笑してしまいました。男性とはなんと哀しい生き物なのでしょうか。外を歩いても、誰も見てくれないのです！

この書き込みから僕は、男性の哀しみと女性の恐ろしさを両方いっぺんに教わって驚愕しましたし、改めて男と女は違う生き物なんだと認識しました。

純粋に好きなブランドがあって、そのブランド品をヒイキに集めてる女性もいるでしょう。家族や恋人など大事な人からプレゼントされたブランド品もあるでしょう。毎日の労働へのご褒美として買ったブランド品もあるでしょう。様々な意味を持ったブランド品が世界にはあって、向き合い方も十人十色ですが、最も危険なのが「とにかくなんでもいいからブランドが好き!!」という女性です。

例えば、飲み会やコンパにブランド品まみれで来た女性がいたとしたら、それはｖｓ女性のためなんだろうと思います。確かに素敵な男性との出会いを期待して高級ブランドで自分の価値を高めることもあるかもしれませんが、多くは同性である女性との勝負アイテムとしてブランド品を身につけて参加するのです。そういう女性はハイブランドを持つことが人間の価値になってしまっています。なので、男性にモテることすらブランドですし、男性を選ぶ基準もブランドなのです。

こういった〝ブランドお化け〟は世の中にかなりの数が存在しますから気をつけてください。お化けたちにとってはフォロワー数もブランドだし、部屋も友人も休日の過ごし方も全部ブランドですからもうサスペンスです！

この妖怪たちはとにかくブランド至上主義ですから、こちらにも何かしらのブランドがあれば付き合える可能性はあります。分かりやすいところでイケメンブランド、それから金持ちブランドに有名人ブランド、学歴ブランドなど様々ありますが、こういった女性は、ことさら自分が弱点だと考えている部分を異性に求める習性があります。イチガイには言えないところもありますが、学歴が低いブランド好き妖怪は学歴の高い男を、貯金が少ないブランド好き妖怪は収入が高い男を捕らえようとします。妖怪たちは自分の弱点を他人で補い、そこを武器にして同性と戦うのです。幸せもブランドなのです。

こちらにブランドがなければ、話すらちゃんとしてくれません。話しかけただけで無意味にこちらが傷つきます。彼女たちはさながら殺傷能力の高い野生動物です。歯がカユいからといって僕らのノドボトケを無感情に咬み切るドーベルマンです。拳《こぶし》のカユいメスのゴリラ

です。ブンブン僕らを殴ってきます。ということで会話すらもまともにできないのですから、

## ブランド好きは無理だ！

となるのです。話が上手・物知り・ひょうきん・マジメ・気が利く・やさしい・親思い・誠実・健康などのブランドではモノ足りないのです。そんなレベルのブランドではドーベルマンの餌食《えじき》です！　男の僕からしたら健康でいて、さらにやさしいなんて無敵に近い組み合わせに思ってしまうのですが、ドーベルには通用しません。なんなら「友だちに有名人がいる」というまったく意味のないブランドにも、ドーベはヨダレを垂らしたりします。

ちなみに高級ブランドに身を包まれていても、本当に金持ちすぎてそれが高級ブランドだという認識もないタイプの女性も極まれに存在しますが、これはまったく違う生き物です。こうなるとまるで宇宙人ですので、むしろベルマンより普通に会話が成り立つと思います。

ドーベはこちらからお断りしていいと思います。飲んだり喋っていて「ああこいつかなりのルマンだな」と思ったら、僕たち連合国の住人が付き合うほどの女じゃありません！　そ

れくらいの心構えでいいのです。「ブサイクの強がりだ！」と指摘する方もいるかもしれませんが、仮に付き合うことができたとしても、心と心のやりとりまでたどりつくその道のりが長すぎる気がして、頑張れる自信がないのです。幸せになれるイメージが浮かばないのです。

ブランド大好き女子に遭遇したら、静かに逃げましょう。僕たちの貴重なブサイクをそういった女性にわざわざ渡す必要など一切ありませんよ！　さあ、ブランド好き女子から解放されましょう！

!?
!?
!?
Y
がんばって助けにきたのに
ブランド好きだよー…
B&B
CHANNEL
ドンマイ!

## 2 ラフを狙え！

ブランド品を好む女性は避けたほうが良いと書きましたが、では逆にどういう服を着ている人を僕らは選べばいいのか？

大きく分けると世の中には3種類の人間がいると僕は考えます。

例えば何かを決めるときに、

①男だから○○する
②女だから○○する
③人間だから○○する

という3つの考えに分かれると思うのです。

①のタイプは自分の性別をきちんと意識していて、常に男らしくなければならないと考えている人です。例えば「男だから女を守らなければならない」「男だから外に出たら7人の敵がいると思わねばならない」「男だから泣いてはならない」「男だから常にクルミを2つ持っ

て握力を鍛えねばならない」といった具合です。

②のタイプも自分の性別をきちんと意識していて、常に女らしくなければならないと考えている人です。例えば「女だからいつでも人前ではキレイな格好でいなければならない」「女だから料理ができなければならない」「女だから牛丼屋で特盛りを頼んではならない」「女だから夏はワンピースを着て麦わら帽子を風のいたずらで飛ばされなくてはならない」などなど。

そして、③のタイプは自分の性別を理解はしているけど、そこへの意識やこだわりは薄く、性別よりも人間性を重視している人です。例えば「男だけど感動したからワンワン泣いてしまおう」「女だけど金が入ったから今夜は皆におごろう」「男だけどスカートを穿《は》きたいから穿こう」「女だけどイライラするから熊とケンカをしよう」などなど。

これは育った環境に大きく影響を受けることだと思うのですが、恋愛の相性としては①と②の組み合わせか、③同士の組み合わせが良い気がします。

つまり、自分が男として生きてきたと思う方は②の女性と、自分が女性らしく生きてきたと思う方は①の男性と、自分が③だと思う方は③の異性と話したり遊んだりすると価値感のすれ違いが少ないと思います。周りを見ていると、年々①と②のタイプは減少しているように感じます。男らしい男も女らしい女も今はあまり流行らないのかもしれません。男女の価値観がどんどんひとつになっています。ちなみに女の子女の子した洋服を着ている女性はマッチョ好きなイメージです。僕の勝手なイメージですが。

ブサイクな男は基本的には男性力より人間力で勝負をしたほうが可能性が上がるはずですから、後戻りができないほどの①タイプでなければ、なんとか③にシフトチェンジすることをオススメします。

ですから僕たち③のタイプの人間は、ピンク系の服をよく着る人や、スカートをいつも穿いている人、涙が流れやすい人やヒールが高い人などは避けて、

## ラフな服を着てる人を狙え!!

であります！　あ、あと「おしゃれは我慢！」と言っている女子からも逃げてください。足が痛くてもおしゃれのためにかわいい靴を履く、来週どうしても着たい服があるから食べた

いピザも我慢するなどの行為は完全なる②の女性がとる行動ですから、③の僕らからは危険な存在です。

そんな見た目や同性の目よりも、自分の快適さを優先してラフな服を着ている女性は③寄りに違いありませんから、ブランドとして男性を選ぶ可能性が低く、「女性である前に人間であるタイプ」のはずです。

とにかく僕らブサイク&ブスは、男と女という構図よりも【人間と人間】という構図に持ち込むべきなのです。持ち込める人を捜すのです。

みんなで飲みに行く際に、テーブル席じゃなくてわざと靴を脱ぐ店を選ぶのもいいかもしれません。世の中の恋愛本では「靴を脱ぐ飲み屋に女性を誘うのは御法度」となっていますが、逆に相手を見るチャンスです。まあわざわざ嫌がることをする必要はまったくないのですが、たまたま入った店が座敷で靴を脱がなくてはならなくなったとき、少しだけ女性の様子を見てみてください。座敷に対して、靴を脱ぐことに対して、その日に着てる服で畳に座ることに対して、「嫌悪感が少し出てしまう人」「まったくもって気にしない人」の2つに分かれます。嫌だと感じる人のほうが多いかもしれませんし、女性らしいのですが、僕らがアプローチするのは後者です。座って早めにあぐらなんてかいたら相当な人間臭さです！　その女性はおそらく、男前かブサイクかどうかといったことを気にしない女性です。

みんなで飲んでいて「そういえば○○ちゃんの家ってこの辺じゃなかったっけ？　呼ぼうよ！」となり、来たときにバッチリよそ行きの服を着て、バッチリメイクをしてくる女性は狙わないでください。普通に考えたらそんな女の子のほうが印象はいいですけど、ここで大事なのはブサイクが声をかけるべき相手です。連絡をしてからそんなに時間がかからず、ラフな格好でフラっと来るような女の子が僕らにとっての天使です！

過去に実際にあった出来事ですが、急に呼ばれて飲み会の席にやってきた女の子が上下グレーのスウェットでした。しかもヘナヘナのトートバッグみたいなものに財布と携帯とタバコ1カートン（10箱入りのデカイやつ）が入っていました。僕が「なんでカートンなの？」と聞くと「毎回買うのがメンドいから」と答えてタバコに火をつけました。ここまで人間臭いと逆に手に負えません！　いまだに僕は、あの子は女子プロレスの練習生だったんじゃないかと考えています。

ラフをねらえ!

# 3 厚化粧は要注意なのか!?

女性には「化粧という武器がある」という時点で男性は不利です。基本的に男はスッピンで勝負するしかありません。手段としたらメガネとかヒゲとか歯を全部金歯にするとか眉毛を全部剃るとかしかありませんが、結局は焼け石に水となり、あまり意味がありません。

とはいえ、化粧をすることで女性がキレイになって、女性は安心して暮らせるし男性はより多くドキドキできるわけですから、素晴らしい文化だと思います。

ここで取り上げたいのは厚化粧です。厚化粧の女性とはなんなのだろうか? どうして厚化粧をするのだろう? 男性からしたら分かるようで実はよく分からない謎の行為であります。

そこで周りの女性にいろいろ聞いたところ、厚化粧には様々な理由があるようなのです。はじめは薄化粧だったけど年々物足りなくなって厚化粧になるという人もいます。例えば「鼻は高ければ高いほうが美しい」と思いこんでる人がいるとします。もともと平均よりも鼻が低かったので、その人は整形をして鼻を人並みに高くしました。整形前は人並みになれば気持ちも落ち着くしモテると思っていたけど、そんなにモテ度は変わらなかったし自分より鼻が高い人を見ると羨ましくなった。そこでまた整形をして鼻を高くした。しかし、やはり状況は変わらない。「高さがまだ足らないのだわ!」となり、また手術。不安や不幸の解消には鼻の高さが必要だという強迫観念に支配され、手術を繰り返し最後はピノキオになってしまいました。といった感じで欲が止まらないことは人間にはよくあります。

「欲はエスカレートする」という話を耳にしたことがあります。

以下のような内容でした。お金がないからお金を増やそうと株のトレーディングを始めた人がいて、最初の目標が100万円。でも、いざ100万円稼いでみたら物足りなくて1000万円を目指す。1000万円もクリアして1億円稼いだけれど全然満たされない。なぜに満たされないのか本人にも分からないけど、とにかく満たされたいからトレーディングを続ける。困らないだけのお金があるのにやめることができない。そうしてそもそもなんのために始めたのかも分からないまま霧のなかを歩き続ける……。

つまり、ある程度満足して過ごしていたはずなのになんとなく物足りなくなってきて少しだけメイクが濃くなり、またある程度年月が流れてもう少し濃くなっていき……。結果、他人から見たら厚化粧！　といったパターンです。

だけど、純粋に自分の顔に自信がなくて厚化粧！　という人もいるようです。この本の大きなテーマのひとつは【見た目からの解放】です。現代社会において見た目は重要です。それは百も承知ですし、とある実験では普通の人たちとモデルをしている人たちがそれぞれ飲食店のバイトの面接を受けた場合、モデルの人たちのほうが明らかに採用率が高かったというデータを見たこともあります。しかし、僕が伝えたいのは「見た目は重要だけどすべてなわけがない!!」ということなのです。そういう意味では厚化粧の方は見た目・他人の目というものを、自分の価値の上位に置いている可能性が高いのです。ですから、

## 厚化粧には要注意!!

となります。ブランド志向の高い女性と少し似ていますが、他人の目を必要以上に気にする人はブサイクにあまり興味を示さない傾向があります。

しかし、そんな厚化粧ガールはブランドドーベルマンとは本質が違います。厚化粧はお金もかかりますし、メイクするにも落とすにも時間がかかるしお肌にだって良くはない。本当は厚化粧なんてしたくない！　そもそも私って厚化粧!?　いつまで厚化粧してればいいのよ！　などと様々なことを思っているはずです。好き好んで厚化粧にしてるわけではなくて何かしらの不安やらトラウマが、素敵な女性に厚いお面をつけることを選ばせてしまっただけだと思うのです。細い体を大きく見せるためのプードルと同じです！（実際なんでプードルの毛が多いのかは知りません。寒いからなのかな？）ドーベルマンとプードルでは同じ犬でも全然違うのです。プードルは僕らを殺しませんけどベルマンたちは僕らの心を殺します。ですからプードルに遭遇しても注意するだけで逃げる必要はないのです。

本を最後まで読んでいただければ理解してもらえるかもしれませんが、ブサイクには他人を楽にするポテンシャルがあるのです。イケメンという存在は太陽かもしれませんが濃い影を作りますし、人間から水分を奪うこともあります。しかしブサイクという名の月は、暗闇を柔らかく照らし、ウサギが餅つきを楽しめるほど快適なのです。なので、厚化粧の女性の仮面を取り去ることだってできるはずなのです。

ブサイクブス連合国の男性の皆様、もしも好きになった人が厚化粧だったらどうか厚化粧螺旋階段から彼女を助けてください！

ブサイクブス連合国の女性の皆様、厚化粧は長くやりすぎると元に戻れなくなる可能性があります。とても危険です！　気をつけてください。厚化粧で手に入れたモノは持続性がありませんし、そもそも見た目がすべてじゃない。心が見た目にゆっくり反映されます。だからこそ、まずは自分自身の心に革命を。

## 4 いざ、日本酒を飲んでいる娘の隣へ!!

先ほども女の子の飲み屋での立ち振る舞いについて少しだけ触れましたが、ここでは飲み会での目利きについて書きたいと思います。

さあ男性諸君、頭のなかで座敷での飲み会を開催してください。どんなに見た目がかわいくても、ブランドドーベルマンには気をつけながら席に座ります。そのとき、早めにあぐらをかく子は大事にしてください。

そしてまずは始まりの乾杯ですが、注文するお酒でもある程度は判断できると思います。体質的にお酒が飲めない子は判断のしようがありませんが、飲めなくても飲み屋に来るということは楽しい空間が好きで、社交性があるということで良い子だと思います。おっと、最近ではお酒飲めない・飲まない男子も多いですけど、自分がブサイクだと思うならそんな余裕はありません！　体質的に無理な方は飲む必要はありませんが、そうじゃない方はぜひお酒との上手な付き合い方を見つけていただきたいものです。

お酒が飲めるほうが出会いのチャンスが増えて、より多くの異性と接することができると思いますし、お酒を飲んだほうが本音で語り合いやすくなります。ブサイクは本音という人間の本質で勝負ですから、大きな意味では酒はブサイクの大親友かもしれません。ちなみに次は私、酒についての本を書きたいと考えています。

話を戻しましょう。乾杯からワインは論外です。ワイン専門店ならばともかく、居酒屋で1杯目からワインを頼んでいいのは、フランス人か元巨人軍の桑田真澄投手だけです。いきなりワインやシャンパンを頼む女子は周りの空気を読むことを一切しないタイプで協調性に欠けます。段取りよりも自分の欲を通すタイプで「パンがないならケーキを食べればいい」と言った暴君のお姫様に似ています。よっぽど親しい仲ならいいのでしょうけど。

「とりあえずビール」の子は良いと思いますし、ウーロンハイやレモンサワーなどの酎ハイ系も良いですし梅酒系も良いですけど、甘いカクテル系の女子には少しだけ気をつけてください。なんで酒で分かるんだ？　という話ですが、

## 酒とは冒険心である！

であるからです‼　お酒を飲み始めたばかりの頃は、誰だって酒なんて美味くなかったはずです。そりゃ本当に美味しいお酒もあるし、人の味覚はバラバラですから一概には言えませんが、アルコールとはひと言で言ってしまえば合法のドラッグであります。美味しくて飲むのは年をとってからで、若いうちは「酔えるから」「楽しいから」「みんなが飲むから」「付き合いで」などなどであって、純粋に味を楽しむことがメインではないのです。僕だって楽しいから、酔いたいからずっと飲んでいました。まあただ、気をつけたいのは酒には依存させる力があるということです。僕はプチ依存組ですが……(笑)。

お酒の入り口として入りやすいのはビールか甘いカクテル系だと思うのですが、そこから様々なお酒を飲んでみようとする原動力は冒険心です。まだビールしか飲んだことがないのに、初めて日本酒を飲んだときの勇気を思い出してください！　ウイスキーを初めて口にしたときの警戒心を思い出してください！　わりと飲みやすいと思ってグイグイ飲んでぶっ倒れた緑茶ハイとの出会いを思い出してください！　僕らは冒険心と共に徐々に徐々にアルコールと友だちになっていくのです。

出会ったときからオムライスと親友の人はいるでしょう。出会ったときからラーメンと親友の人もいるでしょう。しかし、出会ったときからお酒と親友の人がいるでしょうか？　いたとしたらその方は酒の神バッカスに愛されまくっております。三代目Ｊバッカスブラザーズの候補生です！　そうなんです。お酒と親友になるためには多くの時間がかかりますし何度もケンカして、「お前なんて二度と飲むか！」的な言葉を何度も吐いてその状況を越えていくのです。

その根底にあるのは【冒険心】であります。じゃあ冒険心ってなんでしょうか？　それは人生を楽しもうとする気持ちです。ブサイクにとってお酒が親友なのであれば、冒険心は栄光への架橋です。冒険心を持ってる女の子がいたら、どうぞウキウキしながら彼女の心へと繋がる栄光への架橋を歩いて行ってください！

女の子だってブサイクと付き合うのは冒険なんです。顔が悪いけど、見た目じゃ分からない僕らの光る何かに賭けて僕らを選んでくれるのです。男前とか美人とかブスとかブサイクとか関係なしに、ある意味で誰かと付き合うことはもう冒険です！

ですから飲み会が続くなかでずーーと甘いカクテルを飲んでいる子がいたら注意です。その子が良い子とか悪い子とかという話ではなくて、その子はまだ冒険の準備ができていないのかもしれないのです。そんな臆病な女の子の前にいきなりモンスターが現れてはいけません。その子が楽しく飲み会を過ごせるようにしてあげるだけでいいのです。その子の隣の女の子を見てください、すでにハイボールを飲んでいます。ハイガールちゃんです！　ハイガールならば冒険心もあるでしょうし、すでに冒険に出ていますからモンスターにも動じないでしょうし、なんならモンスターを仲間にしてくれるタイプの勇者かもしれません！

おっと向こうの席では日本酒を注文した女子がいますよ！　彼女は人生のどこかで日本酒を飲むという冒険を経験したからこそ、自ら日本酒を頼んでいるのです！　とんでもない逸《いっ》材《ざい》です！　さあさあさあ、早く、

## 日本酒を飲んでる娘の隣へ!!

イケメンに渡すにはもったいない勇者です。すぐに隣を確保して一緒に日本酒を飲んで心と心を打ち溶かしてください！　しかもなんと「熱燗のほうが次の日カラダが楽なんだよねー」とか言ってます！　これはもうかなりのベテラン冒険家ですよ！　『栄光の架橋』を

爆音で流しましょう！　おいＤＪ、ゆず流してくれ、ゆずを！！！

だからといって、日本酒飲みながらあぐらをかくという合わせ技を繰り出している女子は手に負えないかもしれません。先ほど出てきた上下スウェット女子みたいに、ときおりとんでもなくイカツイ女子が実在するので、そこは冷静にご判断を。

## 5 東南アジアしかないだろ!!

通常の恋愛指南本ならばできないアドバイスがこの本ならば可能です。なぜならこの本を読んでる人がブサイクかブスだと想定し、限定して書けるからです。だからこそより具体的に狭く、そして生々しく書けるのです。これからお伝えするアドバイスはこの本のなかでもとくに具体的でとても分かりやすいはずです。

飲み会での異性の選別法を書かれても、その機会すらない！　という方もいるかもしれませんが、今回は異性と話す機会さえあれば試せる方法です。

それは異性に「行きたい国はどこですか？」と聞くだけ、という超簡単魔術です。サークルでの会話、オフィスのちょっとした休憩での会話、雨宿りしながらの会話などなど、この質問ならば相手に不信感をもたれることなく自然に聞けるはずです。ブサイクブス連合国の住人でも付き合える可能性があるのか？　それが相手が答えた国によって、いとも簡単に判別できるのです！　もちろん、

## ハワイ、グアム、サイパンなら諦めろ！

になります。ここまで読んでいただけた方なら、なんとなく理解し始めているはずです。治安もよくていつでも暖かく、多くの人が行った経験があってほどよく日本から近くて日本語が通じるところもあり、みんなが大好き！「行きたい国は？」という質問に対して、そういうところがすぐに頭に浮かぶ人は冒険心に乏しく、周りの価値観を無抵抗で取り入れることができるメジャー志向の人が多いです。

お酒の話でも書いたように、我らの国の住人にとって冒険心を持っている異性こそが天使であり女神であり王子様です。その冒険心が如実に現れるのが言葉どおり「旅」です。そうです旅行です。これまでの海外旅行の経験を聞くのも参考になるとは思いますが、旅行経験に関しては年齢や環境や収入で差が出てしまいますから、「行きたい国はどこですか？」と聞くのがベストです。微妙な違いですが「行ってみたい国はどこですか？」と聞くと、向こうも広く想像をめぐらせるのでより判別しやすくなるかもしれません。

そもそも、どこの国に行きたいか聞いているのにハワイ、グアム、サイパンと答えるのは少しおかしいです。だって、それ全部アメリカですから(サイパンはアメリカの自治領ですが)。彼女たちは僕らと同じ日本語を使っているはずですが、解釈が違うのです。僕たちは確かに「行きたい国はどこですか?」と聞いたのですが、彼女たちには、

## 「海外ならどこで遊びたいですか?」

にしか聞こえていないのです! 日本人の口から発せられた日本語が日本の領土上の空気を通過して日本人の耳に入ったはずなのに、意味が違ってしまうのです。これはピラミッド以上の世界七不思議です! こうなってくるともう、違う言語を使っている外国人よりもコミュニケーションをとることが難しいかもしれません! 違う見方をすれば、先ほども書いたように彼女らは明るくてメジャー志向なのです。やはりメジャー志向の方の壁を崩すのは難しいと思うのです。

即答でニューヨーク、パリ、ロンドンと答える女性も注意です。アメリカやヨーロッパな

どのメジャーな西洋を選んだ異性には慎重に対応してください。では望ましいのはどこか？

**タイ、ベトナム、カンボジアはチャンスです!!**

やはり黄金地域は東南アジアです！ アンコールワットのような遺跡も多いですし、ワットポーの巨大な黄金の涅槃像のように宗教的・歴史的に貴重なものがたくさんあります。

要するに、ハワイなどの常夏の観光地などに魅力を感じるか？ 西洋圏の巨大都市などに魅力を感じるか？ 東洋の宗教的な建築などに魅力を感じるか？ で、なんとなく冒険心が見えてくるのと思うのです。

同じアジアでも韓国、香港、台湾はフラットに受け止めましょう。

そして、ミャンマー、インド、ブータンと答えた異性がいたら、

**それはもう神です！**

プライドをすべて捨ててひざまづき、手の甲にキスしてください。その人を逃してはいけ

ません！　西洋文化よりも東洋文化を愛する人の方が、見た目にこだわらない人が多い気がします。日本はもとは大陸からの影響をうけて東洋文化が隆盛でしたが、明治維新後から急速に西洋文化が入り込み、戦後70年を越えた現在では、本当に西洋と東洋が共存している国になっていると思います。ですが、根本的にはやっぱり東洋なのです。だからこそ僕は、お互いの共通点を見つけるなど心情に訴えかけるような、東洋的なアプローチをした方がうまくいく可能性が高いと考えています。

「あたしはジャマイカ行きたい！」と即答した人のノリには気をつけてください。メジャー志向とか東洋西洋とかとは違う危険性を感じます。それでもハワイ、グアム、サイパンチームよりは全然可能性は高いと思います。ブラジルやアルゼンチンなどと答えた人もジャマイカチームに近いと思います。自然豊かなオーストラリア、ニュージーランドと答えた相手は見込みがあるので仲良くしてください。大事にしてください。

ナイジェリア、コンゴ、ケニアなどのアフリカの国を答えた相手は、僕らでは手に負えないかもしれません。伝説のマンガであり、バブル期の象徴として語られる有名なドラマ『東京ラブストーリー』に出てくるヒロイン・赤名リカ。彼女の名言である「カンチ、セックスしよう！」は思春期だった僕らの心に衝撃を与えましたし、タイトルだけでも知ってる若い人も多いのではないでしょうか？　赤名リカは常識がまったく通用しない破天荒で天真爛漫な女性ですが、彼女はシングルマザーとして男の子を出産します。そしてその男の子の名前が「赤名アフリカ」です。ぶっ飛んでます！　男の子のその後の人生が心配です。絶対に小学校でイジられています。

アフリカに憧れる女性のなかには赤名リカ級のモンスター破天荒が潜んでるかもしれません！　スウェット上下女子・あぐら日本酒女子と同様に、アフリカ好きの異性は要注意異性です！

## 6 ラジオの周波数に合わせろ！

普段の会話のなかで「昨日のあの番組見た？」「なんの番組が好き？」「あれチョーウケる！」などといったテレビの話題は多いと思います。生活のなかでユーチューブやＬＩＮＥやアベマＴＶなどのネット番組や動画もどんどん浸透していますが、なんだかんだいってもまだまだメディアの王様はテレビ。テレビを見ない人が年々増えているとは聞きますが、結局はパソコンやスマホなどでテレビ番組を見たりしていれば情報源そのものはテレビですから、絶対的な共通言語としての話題はまだまだテレビだったりします。

しかし、ラジオを聴いているという人も実はわりと潜んでいるのです。移動のときだったり職場だったり家で料理しながらとか、さらに今は聴いてないけど学生時代にはラジオ聴きながら勉強していたとか。ラジオを聴いている人はわりといるけども、聴いてる人たちは「自分の周りにはラジオを聴いている人はあまりいない」と大半の方が思っているという本当に不思議なメディアです。

基本的に会話は無料ですから、ちょっとしたときに「ラジオって聴きます？」と質問してみるのもいいと思います。「聴いてるよ！」という方がいたらチャンスですし、「え？　聴いてないけど」と言われたら即座に違う話題に切り替えればいいのです。

ラジオを聴いている女子はなぜにチャンスか？　さっきから書いてるようにメジャー志向の方は僕らにとって危険です。逆に言うとマイナー志向ならばチャンスがあるのです！　僕はテレビよりラジオで仕事をする機会が多いので認めたくはないですが、テレビよりラジオの方がマイナーだと考えます。だけど今回の場合、ただ単にメジャー、マイナーの話だけではなく、それぞれのメディアが持っている特徴が大事なのです。

当たり前ですがテレビは耳からも目からも情報が入りますから、要するに完結された情報です。かたやラジオは音だけなのでリスナーがイマジネーションをはたらかせる余地が大きいメディアです。そうして、さらには言葉を大事に聞いている人が多いのです。なので僕らブサイクの言葉でもちゃんと聞いてくれますし、僕らのなかにある見えない部分をも補いながら接してくれるのです。これがチャンスの理由です。逆にもしもイケメン向けの限定本を出すのなら「ラジオ好きには気をつけろ!!」「テレビ好きを狙い撃ちだ！」となるわけです。

だから僕らはテレビ好きな異性にチャンネルを合わせるよりも、

## ラジオ好きに周波数を合わせろ！

となります。ちなみに僕が30歳前後の頃、４年間くらい付き合っていた彼女は、伊集院光さんのことを「神」と呼んでいました。僕も長年ラジオでパーソナリティを務める伊集院さんを尊敬しているし、伊集院さんくらいの知識が欲しいし喋りもうまくなりたいし視野も広げたいです。そして、若いラジオ好きな女の子に「神」と呼ばれたいです。

イメージとイマジネーションは違うと思います。テレビを見ながら誰かのファンになったりテレビを見ながら好みのタイプが決まったりするのがイメージです。イメージとはビジョンがしっかりしていますから、あまりにもイメージと違う異性が現れても恋愛対象になりづらいので、よっぽど何か違うほかの部分で相手の心を動かさないといけません。イマジネーションはある意味で未完成であるという点で流動的と言えます。ですから余白があるのです。その余白に僕らがなんとか入り込める可能性があるのです！

メジャーとイメージ、そしてマイナーとイマジネーションはそれぞれ親戚同士です。昔はマンガ好きやアニメ好きはマイナーでしたが、現在ではすでにメジャーになりました。しかも、マンガやアニメのなかに自分の理想をたくさん見つけてイメージができあがってる人が多いです。そういう人からも逃げてください！　二次元に登場する理想など、三次元ではよっぽどのイケメン&美人じゃないと太刀打ちできませんよ。二次元ファンからしたらブサイク&ブスなんて距離がありすぎてすでに四次元ですよ。しかし、純粋にマンガやアニメ好きな人は、もともとはマイナー志向かもしれないので可能性はあるかもしれません。例えば『進撃の巨人』というマンガが好きなのか、「進撃の巨人のリヴァイ兵長」というキャラクターが好きなのかの違いだと思います。もちろん僕ら連合国民は前者にアプローチをかけてくださいｰ。だってイケメンのリヴァイ兵長好きにどうやってアプローチしたらいいんですか？　僕らの見た目はむしろ巨人側なのですから。

# 7 下北沢を歩くんだ!!

メジャーとマイナーの話をしましたが、マイナーという言葉を別の言葉で表現したとき、僕ら国民にとっての重要なワードが立ち上ります。それは、

## アンダーグラウンド!!

我らの国にもしも神がいるならば、この言葉はまさに神様がお作りになった言葉としか思えません！　マイナーという言葉が持つ響きの、さらに100倍くらいの攻撃力があります！

【アンダーグラウンド】とは、意味的には、地下・サブカルチャー・少数・見えない部分などなどがありますが、「アングラ」「サブカル」というのはおしゃれな雰囲気を醸し出します。この第2章では僕らがアプローチするべき相手の話を書いていますが、僕ら自身もアングラとサブカルは取り入れるべきでしょう。

だってカラオケに行って男前がＥＸＩＬＥを歌っていたとしたら、ブサイクがＥＸＩＬＥで対抗してもまったく意味がありません。べらぼうに歌唱力があれば逆にギャップという高い攻撃力を生みますが、普通に歌がうまいくらいならば選曲で勝負するしかありません。

◎嵐を歌うなら、在日ファンクを歌いましょう。
◎Ｅ－ｇｉｒｌｓ歌う女子より、水曜日のカンパネラを歌う女の子の近くに行きましょう。

在日ファンクさんもカンパネラさんもメジャーなのかもしれませんが、なんかアングラの匂いというか独特の世界観というか、とにかく僕のなかではカッコイイ！

アンダーグラウンド好きな人はブサイクやブスにもやさしい人が多いと思います。それは自分の感性を大事にしているから、世の中の評価というものに流されづらい人が多いからなのかもしれません。そして外見よりも趣味や内面性がフィットするかどうかを大事にしてくれます。もちろんメジャー志向の人だって内面を大事にしてくれる人はたくさんいると思いますが、あくまでも傾向と可能性の話です。
音楽・お笑い・マンガ・演劇など様々な文化やエンターテイメントが日本には存在しますが、それらの活動や開催が盛んで、なおかつ多くの文化の発信地になっている街といえば、

## やっぱり下北沢でしょ!

ですから僕らは下北沢を歩くしかないのです。下北を散歩するしかないのです! 渋谷、恵比寿、お台場、自由が丘を好む異性よりも、下北沢を好む異性のほうが相性が良い可能性が高いのです。先ほど書いた「行きたい国は?」と同じです。下北を愛している人を見つけたら仲良くなって損はありません。もしくは下北沢に行ってしまえばいいのです! そこでなんらかの手段を使って誰かと知り合えばいいのです。

「行きたい国は?」「好きなアーティストは?」「よく行く街は?」。どれも簡単で効果のある質問だと思いますが、よく行く街が六本木、西麻布だったら謝ってしまいましょう! ブランド好き女子と同じでブサイクブス連合国の住人がボコボコに傷つく可能性があります。

男は見た目が良くなくても金持ちだったり権力や地位があったりしたら女性がやさしくしてくれるかもしれませんが、この本ではそういったアプローチはしません。そして街によってはそういうブランドのあるなしをまったく気にしない、下北沢のような街もたくさんあります。大きな歓楽街ではブッチギリで歌舞伎町がやさしい。あの街は過去の出来事も現在の職業も関係なく受け入れてくれる街です。

手に負えないシリーズでいきますと、ゴールデン街や新宿二丁目が好きな女性は違う意味で危険です。彼女たちのほとんどにブサイクやブスに対しての偏見はないのですが、とにもかくにも酒が強いです。そして結構な確率で酒が長いです。ただ、こういう北斗の拳のような世界観の街でメンタルを鍛えることも僕らには必要なんじゃないかと思いますし、街に溶け込めることができれば天国みたいなところだとも思います。

下北沢南口商店街

## 8 ジャニヲタだ、逃げろ!

突然ですが、みなさんはドラクエは好きですか? 僕は大好きです。

ジャニヲタが現れた。
ブサイクは逃げた。
ブサイクは逃げられなかった。
ジャニヲタは自作のウチワで攻撃してきた。
ブサイクはモヤモヤした。

ジャニーズファンの女性がいたら、とにかく逃げてください。振り返る必要もないです。靴が脱げても拾いに戻らないでください。どんなにやさしい言葉を言われても罠だと思ってください。ジャニーズに所属している皆様は、男前美人共和国の大臣クラスだと思っていいです。こちらの国は階級も政府もないユートピアですから、いわば全員ただの平民です。違う国の大臣に恋い焦がれている女性に、僕らが何を提示できるというのでしょうか？　何もありません！　何ひとつ満足させることなどできないのだから、この出会いはお互いを傷つける結果しか生まない可能性が高いのです。自分のためにも相手のためにも、最速で「逃げる」を選択してください。ジャニヲタはばくだん岩みたいなもので、戦う理由がなさすぎます！
ビジュアル系のファンのほうが、ジャニヲタに比べたら薄皮一枚くらい可能性が高いように思えます。なぜならば見た目と共にビジュアル系の世界観を愛しているわけですから、僕らの世界観が間違ってハマることも奇跡的にあるかもしれません。とはいえ、世界観があるといってもテニミュなどのイケメン俳優が大好きな女の子は僕らには無理だと思います。

ブサイクの攻撃。ブサイクはモヤモヤしている。
ジャニヲタがカラオケで勝手にＨｅｙ！Ｓｅｙ！ＪＵＭＰの曲を入れた。
ブサイクはモヤモヤしている。
ジャニヲタが「さあ歌ってよ」的な目で見ている。
ブサイクはとにかくジャンプしてみた。
ジャニヲタは寝ている。

ブサイクは少しだけマラカスを鳴らした。
どこからともなく悲しい気分がやってきた。
ブサイクはタンバリンを手に取った。
ブサイクはレベルがあがった。
ブサイクは宴会部長になった。
ジャニヲタが目を覚ました。
ブサイクは急いでテーブルで寝たフリをした。
ブサイクは「カラオケのテーブルはガタガタしてる」と思った。
ジャニヲタが関ジャニ∞の曲を入れた。
ジャニヲタが仲間を呼んだ。
ジャニヲタBがやってきた。
ジャニヲタCがやってきた。
ジャニヲタDがやってきた。
何人呼んだんだ？
ジャニヲタDは眠った。

何しに来たんだ。
ジャニヲタたちがカラオケで盛り上がっている。
ブサイクは仲間を呼んだ。
しかし来なかった。
ジャニヲタの攻撃。
ブサイクは１１９のダメージ。
ブサイクは仲間を呼んだ。
店員が来た。
店員がイケメンでジャニヲタが盛り上がった。
ブサイクは２４６のダメージ。
店員が出ていった。
ブサイクの攻撃。
ブサイクは尾崎豊を入力した。
ジャニヲタが呪文を唱えた。
ジャニヲタ全員がサイリウムを持っている。

ブサイクは逃げた。
ブサイクは逃げられなかった。
店員がドアのガラス窓からなかを見ている。
ブサイクは助けての目を向けた。
店員は走り去った。
ジャニヲタが仲間を呼んだ。
ジャニヲタEがやってきた。
ジャニヲタFがやってきた。
ジャニヲタGがやってきた。
ジャニヲタGの妹がやってきた。
ジャニヲタDは死んだ。
妹が人見知りを唱えた。
尾崎豊はいつのまにか削除されていた。
ブサイクは死んだ。

BUSAIQEST
ミーン
ミーン
ミーン
ミーン
ミーン
ブ〜ン

## 9 美大生だと!? 全軍戦闘準備！

芸術は爆発だ!!　ｂｙ岡本太郎先生
芸術を志す人は常人とは美的感覚がズレている。ズレているというのは失礼でしょうか？ならば「美的感覚が研ぎ澄まされている！」と言い換えます。とにかく僕らの価値観とは違うに決まっているんです。かなり希望的観測であり、妄想に近いかもしれませんが、芸術家とは治外法権なのです。要するにブサイクブス連合国でも、男前美人共和国でもない「芸術独立国家」である！　彼ら彼女らはあらゆる国々と自由に行き来して貿易をします。もう言ってしまおう。
つまり、美大生とは現実に存在する、

**はぐれメタルである！！！！**

滅多に遭遇できない！　出会ってもすぐに帰る！　倒すことが困難だが、もしも倒すことができたら経験値をたくさんくれる！　そもそも【はぐれメタル】を知らないという方はネットで検索してみてください。ドラゴンクエストシリーズに出てくるスペシャルなモンスターです。

正直、僕はピカソの絵のどのへんがすごいのかは分かりませんが、芸術を学んでる人であれば理解できるのでしょう。ピカソの絵が素敵に見えているのであれば、僕らの父や母が愛という絵の具で描いた僕らという作品も素敵に見えるかもしれない！　そう信じたい。ビリーブ美大生!!　プリーズ美大生！！！　プリーズはぐれメタル！！！！！

美大生が現れた。
ブサイクはどよめいた。
美大生がものうげにしている。
ブサイクの攻撃。
ミス。
美大生が芸術論を語っている。

ブサイクはひたすらうなずいている。
美大生がものうげにしている。
ブサイクの攻撃。
ミス。
美大生は逃げた。
ブサイクは靴を隠した。
美大生は逃げられなかった。
ブサイクの攻撃。
美大生は1ポイントのダメージ。
美大生は逃げた。
ブサイクは美大生にタックルした。
美大生は逃げられなかった。
ブサイクはラリホーの呪文を唱えた。
美大生は眠らなかった。
美大生は逃げた。

ブサイクは土下座をした。
美大生は逃げられなかった。
ブサイクは芸術論を唱えた。
美大生は逃げた。
ブサイクは泣いて泣いて泣いたフリをした。
美大生は逃げられなかった。
美大生は来月からニューヨークに留学だと言った。
ブサイクは死んだ。

みかねた店員がザオラルを唱えてくれた。
ブサイクは生き返らなかった。
美大生は先輩がいるＢＡＲに行った。
ブサイクは居酒屋の裏に埋められた。
時が流れてブサイクが埋められた場所にキレイな花が咲いた。
美大生が何も知らずにその花をキャンバスに写生した。

ブサイクは生き返らなかった。

美大生はいいです。だけど美大を卒業して本格的に芸術家として活動している人は、手に負えない可能性があります。だからこそ、そこまではいっていない美大生ははぐれメタルなのかもしれません。美大を受験するための専門的な予備校に通う人たちはメタルスライムとします。そうします。美大を卒業したけど芸術家にはならずに一般職に就いてる人をはぐれはぐれメタルとします。そうします！　とにかく美大生に出会ったときは史上まれに見るラッキーだと思って全勢力総動員で挑んでください!!

美大生の良さを延々と語ってしまいましたが、職業別でブサイクにとっての相性を考えてみるのも重要です。

職業で言うとモデルさんやCAさん、受付嬢さんは自分の容姿にそもそも自信がありますし、資本主義的な上昇志向が強い方、つまりマテリアルガールが多いので逃げてください。見た目が重要な職業に就いてる方は、日常でも見た目のメンテナンスに時間や労力を使わなければなりませんから、どうしても価値観の上位に見た目がきてしまいます。ですから基本的には僕らにとって難しい戦いになる傾向があります。

美容師さん、看護師さん、歯科衛生士さん、マッサージ師さんは日頃から人間に直に触れているので、容姿によって人間を選ばない訓練を受けているようなものです。イコール異性へのキャパも広い感じがします。ですから、ブサイクブス連合国でも受け入れてくれる可能性が高いです。


職業というのはどんな仕事であろうとその道のプロです。銀行員や証券会社で働いている人は他の方よりもお金について考える時間が長いです。当たり前です。ですからお金にだらしない人は生理的に受け付けなくなったりする人も多いようです。このように仕事を頑張っている人ほど職業による特性が出ますのでうまく目利きしてください。

ただまれに「私スタイリストですけど、イケメンに毎日会いすぎてもうイケメンイヤです」とか「僕は雑誌の仕事をしていてモデルに毎日会ってますが、美人はもうイヤです」「弁護士してます。同僚がキッチリした人ばかりで疲れます。プライベートは少しくらいダラシない方が落ち着きます」といったように仕事の反動が発生している人もわりといるので、そこも注意しておいてください。

# 第3章

# ブサイクが愛を語れ！

# 1 さあ片想いの始まりだ!!

この本は多少なりとも恋愛に焦点をあてて書いているので「ブサイクのための恋愛指南本」とも言えるのですが、決して恋愛のことだけを伝えたいわけではありません。

ブサイクだからこその生き方や心構えを理解すれば、ネバーランドが待っている！　という人生全般についての指南書であり解放宣言なのですが、解放するためには段階が必要ですし、どうしても恋愛は大きなテーマになってきます。

第1章と第2章で恋をする僕らと相手側の準備が整ったとします。するといよいよ【恋の始まり始まり】でございます！

この第3章ではブサイクの上手な恋愛の仕方を僕なりの見解で、これまでどおり偏見満載でお送りしたいと思います。

まずは我々ブサイクブス連合国の皆様、ここまで読んでいただきありがとうございます！

ここで僕は改めて「我々だって恋愛を謳歌《おうか》していいのです!!」と声を大にして伝えたい。なかには恋愛を諦めてしまっている人もいるかもしれませんが、まったくの勘違いです！　甚だしいこと極まりない！　実は我々こそが愛の神エロスに選ばれし存在なのです。「ブサイクに愛を！」「ブスに愛を！」などとわざわざ嘆く時代は、ついに終わりを迎えます。そもそも、僕らこそが愛の適合者なのですから。

ではそもそも【恋愛】とは何か？　恋と愛という似ている言葉が2つ並んで単語になっていますが、恋と愛ではまったく違う意味なのです。恋とは辛くて苦しくてキラキラしたもので、基本的に異性に求める心が生むものですが、愛の対象は男女に限らず家族や物や国や自然などなどとても大きな存在であり、安心であり覚悟であり、そして自らが相手に与えるものであります。

僕らは誰しも男女による愛の結晶ですから、生まれた瞬間から体に愛が備わっています。生まれる前から愛に包まれています。体のなかにある愛を上手に使うための手段のひとつが恋です。恋で苦しむことで、そして悲しむことで愛の意味がようやく見えてきます。

ほとんどの仕事は学生から社会人になった時点でゼロからスタートしますよね。そして仕事をし始めて失敗して学んで、プロになっていきます。恋愛だって一緒です。生まれながらの恋愛のプロはいないのです。思春期になって恋を知り、失敗しながらもそこで多くを学んで時間と涙とドキドキをたくさん使って愛に向かっていくのです。

そもそも恋のゴールを異性と付き合うことだと考えていることからして、すでに僕らは間違いを犯しているのです。なぜなら、

## 恋をしただけでゴールなんです!

さあブサイクブス連合国の皆様、この本はいよいよ核心に入っていきますから、どうぞ気持ちを高めていってください! 僕らの時代を迎え入れる準備をしてください。

とてつもなく多くの異性に囲まれながら生活をしているなかで、ある特定の個人に恋をすること自体がすでに奇跡なのです! 相手と付き合える可能性があるとかないとかそんなことで、その奇跡をわざわざ自ら捨てる必要はありません。もったいない!

恋を諦めるタイミングはたったひとつです。恋心がなくなったときだけです。

プロのブサイクである僕が愛について熱く書いていることは滑稽に見えるかもしれませんが、笑いたい奴は笑えばいいのです。いいですか？　連合国の皆様。世間ではイケメンや美人が愛を語ることのほうが多いとは思いますが、実はそれこそが滑稽なのです。男前美人共和国の人間が愛を語ってもそれはただのドラマです。ブサイク＆ブスが愛を語るからこそリアルになるのです。だからこそ胸を張って、

## ブサイク＆ブスが愛を語りましょう!!

僕らは恋をしたらその相手と付き合えるように努力します。しかし、ここで慌てては絶対にいけません。なぜなら恋は愛の卵みたいなものですから、急いで割ってもなかにヒヨコはおりません！

好きになったら相手と付き合いたいと思うのは当然の欲動です。ただ付き合うためにどうするかという、そればかりの思考になってしまうのが危険なのです。付き合うためにいろいろと手段を使うのは言い換えれば駆け引きです。思い出してください。駆け引きなどという

のは美人やイケメンの娯楽です！　恋の供給が十分に間に合っている人たちのゲームなのです。トランプのカードを使ってタワーを作っているようなものです。僕らがやるべきことはトランプを使ってちゃんとトランプゲームをして遊んで、脳と心を鍛えることなのです。

ブサイクに訪れた恋という名の奇跡とどう向き合うのか？　恋とは辛くて苦しいものとはどういうことか？

恋をすることで自分のダメなところや足りない部分を知っていくのです。それはとてもイヤなことですが、これを怠ってしまったら何も始まりません。ゆっくり時間をかけてダメなところを見つめ、ゆっくりと時間をかけて自分を成長させるのです。恋は本当の愛を手にするための大チャンスです！

トランプに例えるなら、男前や美人は始めからある程度数字の大きいカードを数枚持っているということです。これだけで人生は有利です。しかし、ただ単に有利なだけ。何枚か大きな数字のカードを持っているだけで、持っているカードの枚数は全員同じなのです。だけど男前や美人はすぐに数字の大きいカードを使って勝負をしたがります。そして最初の頃はすぐに勝ってしまいますから、「これでいいんだ」と思い込んでしまうのです。そしてそこその年齢になって負け始めたときに急に慌て始めますが、自分の持つ数字の小さいカード(欠点)の存在にも、自分の手持ちのカード全体が弱くなっていることにも気がつかないのです。

若い頃にモテていた人が年を重ねてなぜか不幸。そんなケースを見たり聞いたりしたことはないですか? まさにそれがこの現象です。

恋をした相手とすぐに付き合えたら最高かもしれませんが、その成功がずっと続くことはある意味では不幸なことなのです。僕らのカードは最初は全部数字が小さかったかもしれませんが、だからこそ自分をブラッシュアップする手法を学び、手持ちのカードの数値を高め続けられるのです。

顔面カードの数字はずっと小さいまま(ブサイク・ブス)かもしれませんが、カードは数十枚ありますから、ほかのカードの数字が大きければ人生は絶対に楽しくなっていきます!

トランプではタワーを作って遊んだりせずに、トランプのゲームをしましょう。僕らの人生におけるゲームは思っているよりもずっとシンプルです。複雑に考えることはありません。

告白してフラれても駆け引きしないで頑張れば、【純愛】のカードの数値は上がりますし、周りの人たちがいろいろと打算的にやっていたとしても、ズルせず嘘をつかないように生活していたら【誠実】の数値は上がるし、友だちと遊んで語り合ってケンカして謝って仲直りしてまたダラダラ遊んでいたら、友だちの数は増えて【友情】カードの数値だって上がるし、ご飯屋さんに詳しくなることもスポーツを楽しむことも誰かを助けることも……。ひとつひとつはスゴくシンプルだけど様々なゲームが重なり合うことで、僕らの楽しい人生ゲームが形になります。

自分を見つめて苦しんでカードの点数を高めて高めて、そうして持っているカードが本当に必要なのかそうじゃないのかをキチンと見極めて時間をかけて勇気を持ってカードを交換して、最終的に【カードの数字を気にしない】というジョーカーカードを手にできたら本当の勝利です。あとはウイニングランのようなものなのです。

恋とはスゴいものです！
恋は自分を高めるチャンスですし、心が元気になります。もちろん相手に気持ちが届かない状態は切ないですが、その切なさを感じているときも心は大きく動いていますから、状態としたら元気なんだと思います。最も危ないのは心が動かなくなったときです。恋は良くも悪くも心を動かしてくれます。心が動いていると世界の景色が変わります。今まで何も感じなかった景色が美しく見えたり、誰かの言葉が深く心に入ってきたり、過去に聴いたときにはなんでもなかった曲で涙が止まらなくなったり、やけに月がキレイに見えたり切なく見えたり、ご飯が美味しくなったり、仕事や勉強に集中できなくなったり、新しい洋服が欲しくなったり、人にやさしくなれたり、逆にピリピリしたり……。変化には限度がありません。世界のほうが変わらなくても、僕たちが恋をするだけで生きている世界が変わるのです!!

さらには誰も気づいてなかった相手の素敵なところに気づいてしまったりもするのです。もう恋の快進撃は止まりません！　だからこそ、付き合えるとか付き合えないとかで恋を止めてはいけないのです。付き合いたいと思う気持ちは大切ですが、付き合うという行為は恋をして頑張ったご褒美みたいなものです。だから絶対に焦らないでください。せっかく生まれたあなたの奇跡の恋が死んでしまいます。恋は辛いから結果を焦りがちです。でも、「恋は辛くて当たり前」。そう考えることで、意外と長く恋の世界に住んでいられるはずです。

自分の見た目が良いと自覚している人は結果を急ぎますし、ダメなら次に行けばいいと思ってしまいます。だけど、僕らは違います。付き合うことはご褒美と思えることで相手に恋人がいても恋が届かなくても、自分のなかで世界が急激に変化している実感さえ持てれば、耐えられるし、その状況を楽しんで成長の実感を味わうことができるのです！

恋の経験が豊富。そんな言葉を聞いたことがあるかもしれませんが、恋は数ではありません。大事なのは、その深さと味わいと自らの成長です。僕たちはブサイクでブスです。好きな人が自分をすぐに好きになってくれるような人生ではありませんが、それでいいじゃないですか！　結果なんて考えずに、まずは心のおもむくままに片想いを始めようじゃありませんか！

さっきとは違って聞こえることを祈りながら再び書きます。

**ブサイク&ブスが愛を語りましょう！！！！！！**

プンペンレコード
恋はゴール
家城啓之
恋しただけでゴールなんや!!
それだけで幸せなことなんや!!
せやから走るんや!!
見てみい、通天閣も笑うてるで!!
5年ぶりの新曲!!

## ❷ 告白はブサイクに!!

「告白はスマートに」。そんなのは幻想です。そんなものはドラマやマンガにしか存在しませんし、現実にあるとすれば、相手からの答えがイエスの可能性がいつも高いイケメンの余裕がなせる技です! 素直に「さすが!」と言っておきましょう。

ブサイクだからブスだから告白するのは恥ずかしい。確かにそれはあるかもしれませんが、告白とはそもそも恥ずかしいものですし、勇気の塊みたいなものです。告白がスマートにできることはイバれるようなことではないし、逆に言えばスマートにできるほど告白に慣れてしまっているということでしょう。告白がうまいことはむしろ恥ずかしいことなんだと思うくらいがちょうど良いと思います。

ブサイクなんですから、カッコつけても本当にカッコイイ人には勝てません。ですから、「らしく」いきましょう。告白すること自体が、もうすでにべらぼうにカッコイイのです! ですから〜、はい、大きく息を吸って〜、

## 告白はブサイクにキメましょう!!

告白のセリフが無茶苦茶でも、告白の最中に噛んでしまってもなんでもいいですよ。気持ちを伝えることだけが告白なのですから、ドキドキしながら愛を伝えましょう！

相手に嫌がられるかもしれないし、裏で笑われるかもしれません。それはとてもとても悲しくて悔しくて怖いことかもしれませんけど、まずは勇気を出した自分を誉めてあげてください。そもそも人の告白をバカにするような奴はこっちから願い下げです！　恋をしたからといってシタテに出る必要なんてまったくないのです。自分の告白がバカにされたら、相手が悪いんじゃなくて「こちらの人間を見る目が未熟だっただけ」だと思いましょう。自分が持っている【人を見る目】というカードの数字が小さかっただけなのです。

僕もたくさん経験があります。だけどそんなときは「俺がブサイクだから悪いんだ」ではなくて「人を見た目で判断する人を好きになるなんて」と反省するしかないのです。「女にだまされた！」ではなくて「人をだますような女性に恋をするなんて俺はバカだ！」というわけです。

告白において、タイミングなんか見計らう必要はありません！　相手の恋がうまくいっていないときがチャンス？　はあ？　汚らわしい!!　そんなことを繰り返していたら、恋がもったいない。そんなことをしていては愛までたどり着く心が育たなくなってしまいます。

告白のタイミングにおける条件は２つだけです。ひとつは相手の迷惑にならないタイミングであること。あまりにも夜遅くだったり、朝のバタバタする時間だったり、向こうの家族が倒れたときとか試験中とか大事なプロジェクトの佳境のときなどなど、迷惑のかかりそうなタイミングだけは避けましょう。

ちなみに、これが分からなくなるとストーカーになります。ストーカーは愛が強いのではなくて、自己愛が強いだけのモンスターですからそうはならないように気をつけてください。

そして２つ目の条件は自分の気持ちが抑えきれなくなったときです。そう、爆発です、爆発!!

前に書いたように付き合うことに価値はありますが、それが最重要項目ではありません。恋をちゃんと温めて自分と向き合うこと、そしてその状態に感謝が生まれて相手への感情が増幅されたときに、損得なしの告白タイミングを迎えるのです！　タイミングが来たなら天候などには負けずに嵐のなかをチャリで愛する人のもとへ走り、愛を叫んでほしいのです。それでダメだったら海で夕日を観ながら泣きましょう。屋根の上で月を観ながら泣きましょう。気持ちが通じ合えなかったことは悲劇ですが、すべてを失ったわけではありません。すでにかなり多くのものを相手と恋からもらったはずです。フラれたからといって相手への恋を諦める必要もまったくないのです。付き合いたいから好きになったのですか？　逆ですよね。好きになったから付き合いたいのです。付き合えないからといって相手のことが好きじゃなくなるのは辛い時間から逃げているだけです。それでは無敵のブサイクにはなれません。腐ったブサイクは源ちゃんも食わないのです。

告白して成功しなかったからこそ、さらに好きな気持ちが増すことだってあるはずです。初めて書いたラブレターでは相手の心も動かせず自分の心も表現できなかったから、何度もラブレターを書く。渡したって渡さなくたっていいんです。そこに愛があればいいんです。届かぬ想いがラブレターを進化させるかもしれません。想いが届かないことは悪いことだけではありません。

前の項で書いたように、自分が誠実に告白できたとしたら、それがたとえ無器用でブサイクなものだとしても、胸を張って告白を続けてください。スマートな告白など勉強する必要はないのです。迷惑じゃなければ、同じ人に何度も告白してもいいと思います。自分をカッコよく見せる必要などありません。

どうか気持ちと一緒に、あなたしか気づいていない相手の素敵なところを伝えてください。さらに相手のおかげで自分のなかで起こった世界革命を伝えて、相手の存在を讃えてください！　それでイヤな気持ちになる人はいません。いたら冷めちゃっていいです。そんな異性に、僕たちのような無敵のブサイクブスをあげる必要などないのです!!

ちゃんと告白ができたときには自分のカードを見てください。おそらく【誠実】とか【勇気】などのカードの数字がひとつ上がっているはずです。

## 3 フラれたときだけイケメンで！

僕らは相手からフラれることのほうが多いかもしれません。フラれるのは悲しいことですが、冷静に考えれば付き合えることのほうがスゴすぎるのです。男も女も関係なしにフラれたあとの態度が大事だと思います。だってフラれることのほうが多いのですから。

自分をフった相手が同じ学校や職場にいる場合は、とくに気をつけなくてはいけません。悲しいし気まずいし、まさに「泣きっ面にハチ」状態ですが、思考を自分に向けず相手の立場だけを考えれば、おのずとどう振る舞えばいいのかという答えは出ると思います。

もしも職場の人がいきなりブサイクやブスが泣いているのを見たらパニックになるとは思いませんか？　就業中に横のブサイクが静かに泣いていたらどうですか？　それを見てしまった人には、オフィスを見回して隠しカメラを探すくらいしか選択肢がありません。ブサイクとはケガ人です。ケガ人が泣いていたらオフィスはザワザワしますし誰も仕事に集中できません。これはもう涙テロリストです！　それだけは絶対に避けなければなりません。どうせ泣くならば、あの号泣会見で有名になった元議員くらい派手に泣いてしまいましょう。あそこまでいけばおそらくオフィスはなごむはずです。なごまざるをえないはず！

告白は無料であり、成功すれば付き合えるというハイリターンがあるので、失敗したら気まずいというハイリスクもあって当然です！　そのリスクを承知で告白したのに、フラれてフテクサレていたら競馬場で負けて怒鳴って暴れてる人と同じです。そこは負けを認め、勝った馬を讃えましょう。フラれた人間がすべきことは相手が過ごしやすいようにすること。相手が望むのであれば笑顔で話しかけなくてはいけません。そして心で泣いてください。友だちと飲みに行って泣いてください！　そうして友だちにたくさんバカにされてください!!

フラれたときの立ち振る舞いは異性だけではなくて同性に対しても大事です。いっぱい励ましてもらって、いっぱいバカにされて泣いて笑って友情を深めるチャンスでもあります。友だちがフラれたときも同様に励ましてバカにして、友だちが望むならとにかく一緒にいてあげましょう。友情で大切なもののひとつに時間の共有があると思います。ただうまくバランスを取らずにカラかいすぎると急にキレられて変な空気になるときがあります。

「お前をフるなんてあの女は悪い女だ。そもそもお前にお金があったらおそらく付き合うことができた。そんな女なんだから、むしろ付き合わなくて良かったよ」

僕がフラれた友だちにこう言っていたときは皆で笑いながら良い雰囲気だったのですが、急にフラれたその友だちが泣き出して、そのときもまだ全員がゲラゲラ笑っていたので僕も楽しくなってしまって、

「泣け泣け！　成人男性が泣けるなんて最高だ！　そこまで愛せただけで大勝利だよ！」

なんて酔っぱらって言っていたら、友だちはワンワン勢いつけて泣くしテーブルの笑い声は増すばかりだったので続けて僕はこう言ったのです。

「お前が今こうして居酒屋で泣いてる間にあの女は金持ちのジジイと六本木あたりで色目使いまくって飲んでるよ！　今夜には抱かれて、そのうち結婚して、しばらくしたらそのジジイを薬でジワリと殺して、シメシメと遺産を相続して若い男と再婚してパッピーライフさ！　お前はそんな奴のために涙を流すのか？　あいつは今まさにホテルに……」

「いい加減にしろ！」

と胸ぐらを摑まれました。はい、100パーセント僕が悪いです。はじめは本当に励ますつもりだったのですが酒も深くなり、言うこと言うことウケ始めて完全に調子に乗りました。

ハリウッド映画のケンカ前のようなシーンで発せられてそうな侮辱を友だちに連呼してしまいました。

僕はこんなミスがかなり多いです。そんなときは素直に謝るしかありません。

フラれて付き合うチャンスを逃したとしても二次災害は避けなくてはなりませんし、自分の何かしらのカードの数字を上げる大きなチャンスなのですから、踏ん張って歯を食いしばって笑顔で過ごしましょう。慌てずにゆっくりゆっくり自分を作っていきましょう。この経験を積み重ねた人と積み重ねてない人とでは、いつかとてつもない差が出ます。

仮にオフィスの上司が噂を聞きつけて誰もが聞こえる声で「A子ちゃん、B夫に告白されたんだって？　なんで断ったの？」なんてことを言い出したら、絶対にA子ちゃんに答えさせてはいけません。他人も聞いているこんな難しいシチュエーションのQ＆Aを愛する人に答えさせたらあまりにもフガイないです。すぐさま大声で「僕が悪いんです。告白したときにオシッコ漏らしちゃったんです！」くらいカマしてやりましょう。

## フラれたときだけ男前で!!

僕らはブサイクなんです。他人の目を気にしたら、負のブサイクスパイラルに必ず飲み込まれていきます！　自分なんてどう見られてもいいんです！　僕だってまだまだその領域には達していませんけど、自分が大恥をかくことで好きな人のピンチを救えるなら、こんなにカッコイイことはありません！

こういうことになると僕は男も女も境目はないと思っているのです。顔がいくらイケメンだから美人だからって愛する人のために恥をかけなかったら終わりだと考えます！　何も見ず知らずの人のために恥をかくわけではありません（その領域までいけたら素晴らしいとは思いますが）。愛する人のために泥をかぶれなかったら、じゃあ僕らは人生でいったいいつ頭から泥をかぶるのですか？　死ぬまで泥をかぶらないなんて無理です。好きな人のために、家族のために、親友のためにどれほど泥をかぶれたか？　人生は途中からそういう勝負になっていきます。

ナルシストなんて最悪です。いざというとき、自分だけを守ってる人を誰が助けてくれると言うんですか？　僕たちは個人戦の戦いをしているわけじゃありません。それをしていたら絶対にいつか負けます。僕らはいつだって団体戦で戦ってるんです。周りの人が自分のこ誰かとをチームメイトだと思ってくれなくて、孤軍奮闘しながら孤独で死にたくなっても、誰かがピンチになったら助けてあげてください。それを続けていれば必ず人が集まります。こちらさえ諦めなければ孤独は続くわけではありません！

すみません。興奮して話がちょっとズレてしまいましたが、男前や美人よりも僕らは道化師になりやすいハズです！

バカにされることは、強さになるのです。

フラれた時は

イケメンで!!
うわっ
ちょっと
イケメンになった…

## 4 付き合えたら浮かれろ!

「告白したらオッケーが出てしまった」

これは大事件です! 神様からのギフトです!! ブサイクブス連合国の僕らと付き合ってくれる異性は僕らの内面を見てくれているのか? 美的感覚が壊れてしまっているのか? 純粋に少し目が悪いのか? 僕らの親からお金を渡されているのか? きっとこのうちのどれかです。

読者の皆様がもし好きな人と付き合うことができたら、もうこちらからは言うことはありません。だってそれはあなたたち2人の話だから。

**好きにやってくれ!!**

あえて言うならこんな言葉くらいのものです。国をあげてお祭りをしたい気分ですよ。

浮かれましょう！　さあさあ、浮かれましょう！　人生を、愛を謳歌いたしましょう！

僕も過去に調子に乗ったことは何度もありますが、あまりにも浮かれて勘違いして人をたくさん傷つけました。自分がモテるんだと誤解して浮気をしたこともありますし、プライベートと仕事は連動してますから、浮かれまくって仕事相手を傷つけるようなことを平気で言ったりもしてしまいました。スゴく後悔しているし、今でも誠実に生きているという自信がなくなるときもあります。傷つけた人たちのことを考えるとそのカルマで僕はもう幸せにはなれないんじゃないかとさえ思います。

ですからどんなに浮かれても、誰かを傷つけてしまう選択だけはしないことをオススメします。ジジイみたいな小言ですが、経験者としてそれだけは言っておきます。

たくさんデートしてくださいね。家族以外で愛を交換できる人がいるなんて、まさに人生の醍醐味ですから。周りの人からバカにされるくらいメールもＬＩＮＥもしてくださいね。仕事に悪影響が出ないように恋愛するのが社会人として最低限のルールだとは理解してますが、が、が、仕事に支障が出るほどの付き合いも素敵だと思ってしまいます。そのときは大いに怒られて心底反省して、寝不足になってても愛に仕事に励んでください！

ブサイクやブスが恋に愛に浮かれると周りからはイジられるかもしれませんし、笑いものにされるかもしれませんが気にしないでヘラヘラしながら、「本当にすみません。好きなんですよねー」と言ってバカにされましょう。他人の目なんて気にするだけ無駄です！　仕事と恋愛のスマートな両立なんてすぐには無理ですから。

付き合うってことは体のなかの愛の玉がいきなり巨大化するようなものだと思うのです。非常事態ですよ！　奇跡的に素敵な非常事態です！　そりゃ様々な弊害が出て当たり前です。大きな大きな玉を心に宿して生活するのに僕たちは慣れてないわけですから、転ぶこともあるしイライラすることもあるし疲れることもブツカることもあるでしょう。脳科学的には3年で恋は飽きる！　みたいなことをみなさんも聞いたことがあるかもしれません。だけど僕はそれはちょっとニュアンスが違うと思っていて、3年で飽きるんじゃなくて「3年で玉の大きさに馴染む」のだと思うのです。玉の大きさに慣れた3年目からが勝負で、余裕が出てきたからほかのことにも力を入れるのか？　余裕が出てきたからさらに愛の玉を大きくするのか？　そこが勝負だと思います。

このように僕が考えられるようになったのも僕がブサイクだったからです。昔、僕には心底好きになった人がいましたが、その人には彼氏がいることを知りました。それでも僕はずっと片想いしながら自分のなかにある愛の玉と遊んでいました。

そうしたらあまりにも多くのものに気づけて、2年くらいしたら片想いがゴールしたような不思議な感覚が訪れて、相手に感謝の言葉を述べて気持ちよく諦めることができました。

そしてそのあとに別の人と付き合うことができて、ケンカなんかして自分が調子に乗りそうなときも「ブサイクが付き合えてる奇跡」「ブサイクを選んでくれた相手の愛」なんかを考えると冷静になれますし、選択を間違えないで済みました。

僕はブサイクだからこそ愛を諦めずに見つめられたし、愛を深く深く掘れたんだと思っています。男前や美人よりも僕たちは相手に素直に感謝することができますし、感謝は愛を深めてくれます。

僕だけではなくて、ブサイクブス連合国の住人だからこそ語れる愛があります。付き合えたらそんな愛について大いに語り合ってください。愛を語り合って愛を交換して愛を高め合う相手なんて、その瞬間には世界にたったひとりしかいないのですから、思う存分カッコ悪く愛に溺れてくださいませせませ!!

あははヤッピーー
ドンー

## 5 モテ期ってなんだ⁉

知ってる人も多いでしょうが久保ミツロウさんのマンガが原作の映画『モテキ』。面白かった。人生にはモテ期が3回あるなんて都市伝説を耳にしたことがあります。

モテ期とはおそらく「多数の人から同時に好意を寄せられる」ということ。だとしたら果たしてブサイクブスにモテ期なんてあるのだろうか？　あったとしてもイケメンや美人とは規模が違うのだろう。僕らのモテ期が向こうの通常運転くらいのもんで、向こうのモテ期なんて想像もできない。たぶん、雑誌の後ろによく載っていた広告で見た金のネックレスを買ったときくらいモテるのだろう。

お酒を飲んだときなんかに性欲も含めたオスとメスの違い的な話をたまにするのですが、なんで男のほうが浮気がちなのかがよく問題になります。遺伝子を残すために、生き物の役割として、女性はとにかく自分の周りで一番優秀な遺伝子を求める。妊娠すれば10カ月もかけて体内で命をはぐくむわけですから、優秀なＤＮＡを欲して当然でしょう。しかし男性の目的は違います。優秀な遺伝子を持っている女性を見つけることが任務なのか？　本来ならそれでいいような気もするのですが、男性はとにかくひとつでも多く自分の遺伝子を残すことが仕事らしいのです。節操がない。まあ僕もそんなオスのなかの1匹なわけですけど。

オスは子育てもしないでとにかく遺伝子をバラまけるだけバラまくために生活をしているのです。それが動物としてのオスです。しかし僕たちは動物であって動物ではない。人間という名の生き物ですから、いつまでもどこまでも動物的でいいのだろうか……？

あるとき、先輩であるロンドンブーツ1号2号の淳さんに聞いて、ものスゴく納得してしまった話があります。

モテ期とは男と女で言葉の定義が違うらしいのです。女性のモテ期とは「多くの異性にモテている時期」のことで、なぜなら優秀な遺伝子を選ぶのにより多くの男性のなかから選んだほうが良いから。では男性のモテ期とは？

「自分が一番好きな女性が自分のことを愛してくれてる状態」だそうです。

女性はより多くの男性を魅了してひとりでも多くの男性に自分を狙わせる。男性は決めた異性をとことん狙い続ける。僕がこれまで見てきた人間模様の景色を思い返してみても、とてもしっくりきたし、人間社会の構図とはこういうものだと思ってスゴく納得できました。男性はとにかくひとりの女の人を狙ってライバルがいたら戦って勝つことで自分のものにすることに命を懸ける。そうして愛する人といられるときがモテ期というのはスゴく人間的だと思います。

やはり男と女は違う生き物なのでしょう。例えば2人の男が同じ女を好きになり奪い合ってケンカになるとします。すると女性は真ん中に入って「ケンカをやめて！　ケンカをやめて！　私のために争わないで！　お願いケンカを……」と言ってそう。でもこれって結局のところ深層心理ではケンカを煽《あお》ってるんじゃないだろうか？　実は心のどこかでこの自分争奪合戦を喜んでいるのではないだろうか？

男性が逆の立場になったらどうだろうか？　もしも自分を奪い合って目の前で女性がケンカを始めたら……。僕はその場にいたくない！　これはヘタレな僕の個人的な意見だろうか？　自分を奪い合う女性を見てもまったく快楽が湧き上がらない。しかし女性は自分のために殴り合う男性を見て恍惚《こうこつ》感を多少なりとも感じるんじゃないだろうか？

やっぱり女性のモテ期は周りに多くの男性がいる状態で、男性のモテ期は最も愛する人の横にいることだと思えるのです。そう考えるとやっぱり淳さんはスゴい！

人間は動物だけど、他の動物よりも感情が複雑で強い生き物なんだと思います。だから面白い。

でも僕は、男性的に生きるよりも女性的に生きるよりも、やっぱり人間的に生きることを推奨したい。ブサイクやブスな人にはどうか性別を忘れてほしい。だってそのほうが絶対に生きやすいハズなんです！

では僕らがいる連合国のモテ期ってなんだろうって考えたんです。僕らの国のなかでは男女はないからモテ期の言葉の定義は男女で一緒が良いなと思いました。

シンプルにいきましょう。ブサイクブス連合国のモテ期は「愛し合ってるときだけ」が良いと思います。お互いが世界で一番相手が好き。いや、もっと純度を上げて【互いが唯一愛してる異性同士】という状態。一番好きとか2番目とか、そういう順番みたいなものもありません。他の異性が存在しないくらい、お互いしか見えない世界にいるときがモテ期ということで！

# 「ブサイク男子」×「モテない系女子」のマッチングで世の中が変わる!(のか?)

**能町みね子**
(のうまち・みねこ)
1979年、北海道出身。大学を卒業後、OL生活を経験。現在はエッセイスト、イラストレーター、コラムニストなどとして活躍中。様々なメディアにも出演している。

この『ブサイク解放宣言』がこの世に放たれる十数年前、特別に容姿が悪いわけじゃないけど、なぜかモテないオーラの出ている女子たちをフィーチャーした『くすぶれ!モテない系』という本が上梓された。その本の著者である能町みね子が、マンボウやしろとじっくり対談。女性目線の鋭い観察眼で「ブサイク解放宣言」を読み解きながら、ブサイクが狙うべき異性はどこかを話し合う。今を生きるすべてのモテない男女へ。生きる勇気が湧いてくるハートフル対談です。

## 女性の世界に存在する暗黙のルール

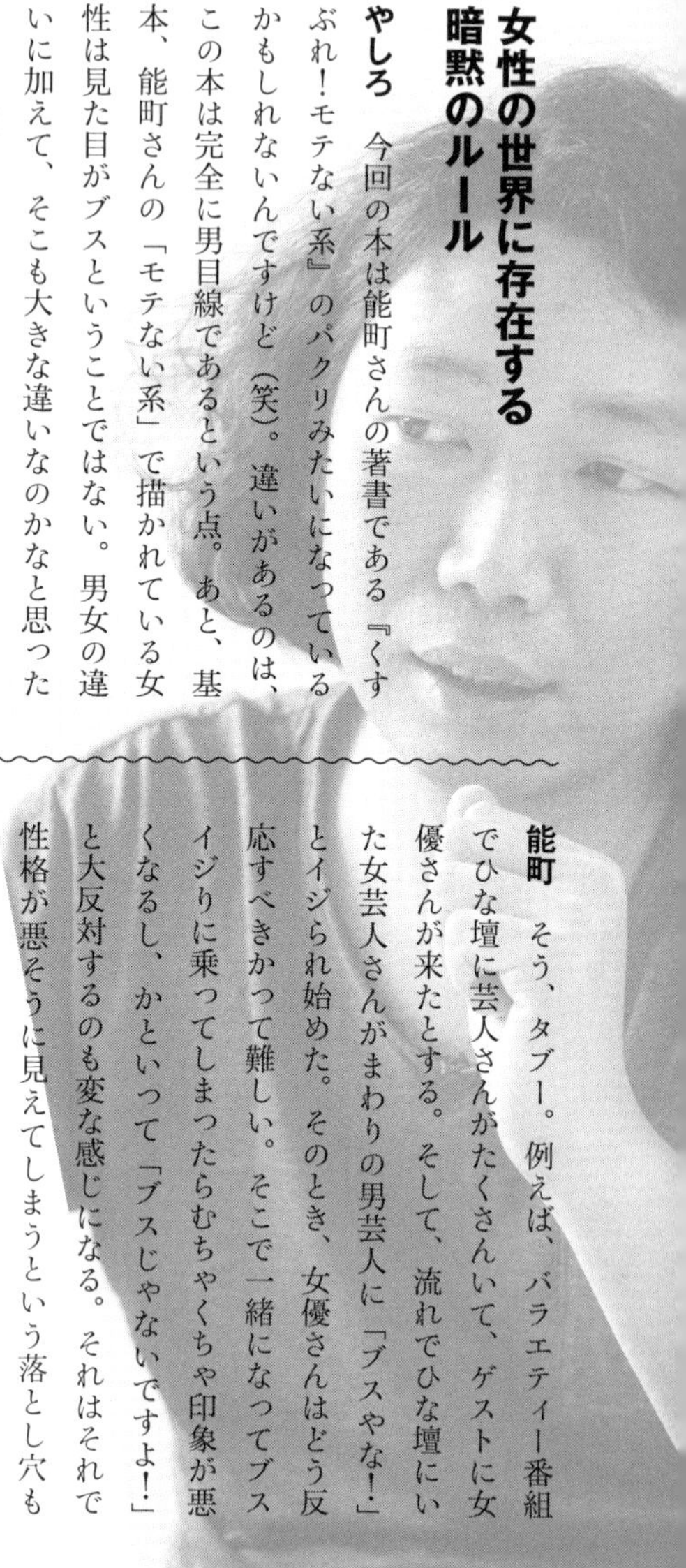

**やしろ**　今回の本は能町さんの著書である『くすぶれ！モテない系』のパクリみたいになっているかもしれないんですけど（笑）。違いがあるのは、この本は完全に男目線であるという点。あと、基本、能町さんの「モテない系」で描かれている女性は見た目がブスということではない。男女の違いに加えて、そこも大きな違いなのかなと思ったんですが。

**能町**　女の人同士ではお互いの容姿に関する話って絶対に言っちゃいけない領域なんですよね。男同士なら「お前ブサイク」とは仲良ければ言えますけど、女の子はいくら仲が良くても「あんた、ブスじゃん！」とは言えない。

**やしろ**　女の人にとっては「ブス」って人間としてのタブーワードなんですね。

**能町**　そう、タブー。例えば、バラエティー番組でひな壇に芸人さんがたくさんいて、ゲストに女優さんが来たとする。そして、流れでひな壇にいた女芸人さんがまわりの男芸人に「ブスやな！」とイジられ始めた。そのとき、女優さんはどう反応すべきかって難しい。そこで一緒になってブスイジりに乗ってしまったらむちゃくちゃ印象が悪くなるし、かといって「ブスじゃないですよ！」と大反対するのも変な感じになる。それはそれで性格が悪そうに見えてしまうという落とし穴もあって、結局、ニコニコしてやり過ごすしかないんですよ。

**やしろ**　確かに女性のほうがブサイク・ブスについては難しく生きているのかもしれないですね。僕はこの本のなかで、ブサイクとブスは共同の国として書いているんです。「ブスブサイク連合国のみなさん」と呼びかけながら。でも、ブサイクって書くときは平気なんですけど、ブスって書くときは一回、手が重たくなる（笑）。ちょっとなんとなく罪悪感というか。

**能町**　分かります。それが正しい反応なんじゃないかと思いますよ。そもそも普通に生活をしていて、女同士で「どっちのほうがキレイか」「どっちが太ってるか痩せてるか」などの見た目的なことを話すっていうのは相当なNGワード。さらに、誰がどう見ても太っている人がいる場合は、女子はその話題を口にしないし、結構しっかりとした暗黙のルールが存在するんです。

## そもそもやしろはブサイクなのか？

**能町**　でも、そもそもなんですけど、私の周りにいる女の子に関して言えば、やしろさんや山里さん（南海キャンディーズ）などは「キモい」という反応にはならないと思うんです。例えば、やしろさんが誰かキレイな人と結婚したとしてもまったく違和感がない。おそらく、そう言っている女の人っていうのは、この本に書かれている日本酒を飲んでいる子だったり、東南アジアに行く子だったりなんでしょうけど。

**やしろ**　そう言ってもらえるとありがたいです。でも、自分のなかでも本のなかに描いたようなブサイクエピソードがいろいろと積み重なって、本当にわけが分からなくなっていて。ただ、20代の頃はどうしてもモテたいっていう気持ちがあったけど、今はもう本当になくなった。それでスゴくラクになって。そうなってようやく女性にも普通にアプローチできるようになった。

**能町**　あ、なるほど。まさに文字通り〝解放〟されたんですね。

**やしろ**　そうです。この本のなかでも書いている持論がありまして、世の中をものすごーーくザックリ2つに分けるなら、東洋の哲学で生きる人と西洋の哲学で生きる人になる。ブランドが好き

だったり、カクテルが好きなのは西洋側。ブサイクはどちらの哲学で生きるべきかといえば、つまりは東洋哲学だという教えを説いていて。

その前提があるうえで、この本で人間を3タイプに分けているんです。①男に生まれて男として生きる人、②女に生まれて女として生きる人、③人間として生まれて人間として生きる人。①×②の相性はいいんだけど、③のタイプは③同士でしか合わない。①×③とか、②×③はうまくいかないんですよ。それも分かってきたのが大きい。

**能町**　そうそう！　③のタイプは③同士でくっつけばいいんですよね！　私も③のタイプが好きなんです。でも、やしろさんは自分が③でありながら、かつて20代の頃は②のタイプも狙っていこうと思ってたわけですか？

**やしろ**　……思ってました。20代のモテたいと思っていた頃は女性の見た目かわいさとかに惑わされたこともあり……。

**能町**　実際にそういう人と付き合えたこともあるんですか？

**やしろ**　付き合ったこともあったんですけど、むちゃくちゃ疲れましたね。例えば、仕事明けでグッタリしちゃってて、一緒に家にいるときに僕は寝ちゃったんですよ。そうしたらスゴい勢いで「もう私、帰っちゃうよ！　いいの？　私、女の子なのに！」的な感じで「玄関まで送ってよ」と起こされた瞬間、別れようと思いました。だって僕が逆の立場で、好きな人が仕事で疲れていたら寝かしてあげようと思うはずで、「あ、この人とは生き方が違う」と気づいた。やっぱり②×③の組み合わせだと合わなくなってくる。そのあたりをブサイクはしっかりと見抜いていないと、女の子選びで傷つくよって言いたいんです。

## 「海外どこ行きたい？」がリトマス試験紙

**やしろ**　相手が西洋哲学か東洋哲学か、そして①〜③のどのタイプかってことを簡単に判断できるのが「海外どこ行きたい？」って質問で。それで「ハワイ・グアム・サイパン」って答える女からは逃げろと説いているんですけど（第2章参照）。そもそもこっちは海外でどこへ行きたいかを聞いてるのに、「どこで遊びたいか」って変換されている時点でおかしい。ハワイもグアムもサイパンもアメリカですから、どこ行きたいと聞かれたら「アメリカ」と答えるべきなんですよ！

**能町**　ハワイって答える女の子については、ブサイクは諦めろっていうのはすごく分かる。ハワイって答える女は「南国リゾート行きたいだけ、水着になりたいだけ」って感じしますよね。③で生きてきた女の子って、まず水着になることを拒否しますから。水着なんてまずありえない。だから、水着を着る場所には行かないと思うので。

**やしろ**　そんななか、インド行きたい、カンボジア行きたいという女の子がいたら、ブサイクは絶対にその子を大事にしないといけないと思いました。

**能町**　なら、北欧はどうですか？　私はイケると思うんですよね。北欧って答える人は意外と絶妙な立ち位置で、結構かわいい人が多い。そのうえで、男性の守備範囲がめちゃくちゃ広いと思う。

**やしろ**　それ、めちゃくちゃイイですね。ということは、裏を返せば女性は男性から「海外でどこに行きたい？」と聞かれたら「北欧」と答えておいたほうがいいってことですね。

**能町**　そこが難しいところで、北欧って答えて「よし！」と思ってくれる男が少ないと思います。

**やしろ**　ふはは。確かにそうですよね。僕もいくつか国を挙げましたけど、北欧は完全に抜けてました。

**能町**　北欧は結構、狙い目だと思いますよ。ラフな格好で、ヒールは履いてないけどかわいい女の子のイメージですね。

## 冒険心があるかないか そこを見極めろ！

**やしろ**　ブサイクが狙っていいかどうかのベースになるのは冒険心だと思うんですよね。「日本酒を飲んでいる子の隣に」の項でも書いたんですけど、日本酒に手を出す瞬間ってどこかで冒険心が必要で。その冒険心を持っている女の子じゃないとブサイクはなかなか厳しい。

**能町**　女の子は女の子でコンプレックスも強かったりしますから。別にスゴくキレイな人でもものすごいコンプレックスを持っていたりする。そういうコンプレックスを持っている子のほうが冒険していくイメージがありますね。とくにコンプレックスがなく、見た目も中身も標準的に生きてきた子は逆に保守的というか、特別なところにあえて手を出さないイメージです。特別なことをする必要がないので。何かしらかのコンプレックスを抱えている女の子のほうがいろんなことに挑戦するし、ムチャもするし、いろんな男の人を好きになってみるんじゃないかなと。

**やしろ**　へぇ～！　面白いですね。僕のなかで冒険心の源って結局は好奇心なのではないかと思ってたんですけど、コンプレックスという部分もあるんですね。スゴく人間的な話で面白い。

**能町**　うん、スゴい人間的ですよね（笑）。どうやったらコンプレックスを多少軽減できるかをいろいろ試している部分もあるんだと思います。

**やしろ**　男の場合は、自分のコンプレックスを反骨精神みたいな形でエネルギーに変えて、それを仕事という部分に全部吐き出して、そっちで成功を収める方々が大半だと思う。NON STYLEの井上もたぶんそっち側で「ブサイクだから勝っていかないといけない」という考え方。その井上の思考は西洋文化の資本主義、つまり勝ち負けありきの世界だなと思った。僕はそうではなくて、やはり東洋的な思想じゃないけど、この本では「勝ち負けはないよ」ということが言いたいんですよね。

## 新説！　ブサイクはジャニヲタ女子を狙え！

**能町**　ただ、私、「ジャニヲタだ、逃げろ」は違う気がするんですよね。

**やしろ**　お！　そういうご指摘、ぜひ聞きたいです。実は、僕、ジャニヲタについてほぼ知識がなくて。単純にジャニーズ＝カッコイイ男の子たちが多い＝そういう人を好きな女の人は顔面至上主義なのではないかと考えまして。

**能町**　人によるとは思うんですけど、そもそもジャニヲタの女の子ってイケてないんですよ。そして、そのことを自分自身でも承知している人が多い。だから、ジャニーズ大好きで番組も見逃さないし、コンサートも行くってぐらいのジャニヲタだとしても、現実にその応援している○○くんと付き合えないのは分かっているわけです。つまり、意外と現実の出会いとパキっと分けて考えているので、ジャニヲタである自分を認めてくれる男の人とうまくいく可能性が高い。現実に彼氏がちゃんと存在するジャニヲタって多いんじゃないかな。

**やしろ**　はーーー！！！！　なるほどーー!!　スゴい納得です。ジャニヲタであることを認めれば、ブサイクからしたらジャニヲタの女の子は狙えるってことですね。

**能町**　「私はジャニーズ好きだし、これからもライブも行くし、番組も見るし、○○くんを追いかけるけど、ただ、あなたはあなたで現実として認めていて彼氏だと思っているからそこは分かってね」と割り切って付き合っている人、多い気がします。ジャニヲタに限らず、ビジュアル系とか何かに夢中になっているヲタの人って、そういう趣味の世界と現実を結構キレイに分けられる気がする。例えば、昔はBL好きな女子って「現実の男と接することができないからそういう世界にハマるんだ」と言われていた部分があったけれど、最近、BL好きな人ってサラッと結婚するんですよ。結婚したうえでBLという世界を愛する。美しいものは美しいもので愛でるのだけど、現実がそうでないことは分かっていて。それはなんか新しい世界になってきたなと思うんですよね。

**やしろ**　それは確かにニューワールドですね。文化として始まった当初は迫害を受けていたけど、だんだんメジャーになってきて、ある意味でBLも解放されていったということですね。僕、これまで生きてきてアイドルとかにハマったことがなかったから、例えばアイドルのコンサートにカップルで行くとか、全然理解ができなかった。でも、今の話を聞いて、なるほどとやっと理解できた。とりあえず、今日の話を受けて「ジャニヲタだ、逃げろ！」は撤回します（笑）。

## 笑顔や明るさはブサイクにこそ必要！

**能町**　やしろさんに聞きたいのは、男性側としてジャニヲタであることを拒否しないでいられるものですか？　彼女が自分のこと以上に誰かに熱を上げていて、その人が出ている番組はすべて録画して、家でもずっとコンサートDVDとか見るという状態。

**やしろ**　……そう考えると、僕は無理ですね。単純に嫉妬しちゃうかもしれない。僕、恋愛に関しては「お互いが唯一というものでないとたどり着けない場所」があるのではないかと思うときがあって。そういう考え方なので、彼女が「現実にはありえない」と言いながらも他の人を好きだと公言されている状況に嫉妬してしまう気がするんです。

**能町**　嫉妬するんですね！　では、男の人の立場から、逆にあまりかわいくないとか、ちょっと太っているとか、そういう部分のある女の子でも「この子、いいな」と思うには、何があればいいと思いますか？

**やしろ**　僕に関して言えば、本当に見た目重視だった20代から30代になって変わったのは「明るい子」に惹かれるということですね。明るさってとんでもない武器だなと。みんなが努力して手にしているいろんな技とか生き方とかあるなかで、根本的に明るいという強さというのはスゴく揺るぎなくて惹かれるものがある。

**能町**　へぇ～！！！　そんな根本的なところに！　それは面白いし、スゴく良い話ですね。

**やしろ**　自分にいろいろあったときに、すぐ近くに明るい子がいたら確実にエネルギーになるし、沈まなくて済むし。そういうパワーが一族に入ることも大事だなと。明るさを持っている子はスゴいなと。

**能町**　それに似たようなことを言われたことがあるのを思い出しました。私、写真を撮られるときに笑うのがすごく苦手で。自分では結構笑っているつもりなのに「笑顔でお願いします」と言われると、ものスゴくぎこちないうえに単にブサイクになったりすることが多くて「いっそ笑顔でないほうがマシ」と思っていたんです。でも、それを誰かに話したら「それはダメだ。ブサイクなうえにむっつりしていたらもう救いようがない」と一刀両断されて（笑）。笑顔が汚かろうがぎこちなかろうが、とにかくこの人は悪い人ではないと示すためには笑顔じゃなきゃダメなんだと力説され、ちょっとハッとさせられて。

**やしろ**　ふはは。それは本当にそう思います。相手に敵じゃないことを示さないといけないですからね。シンドバッドのアニメかなんかでも「どん

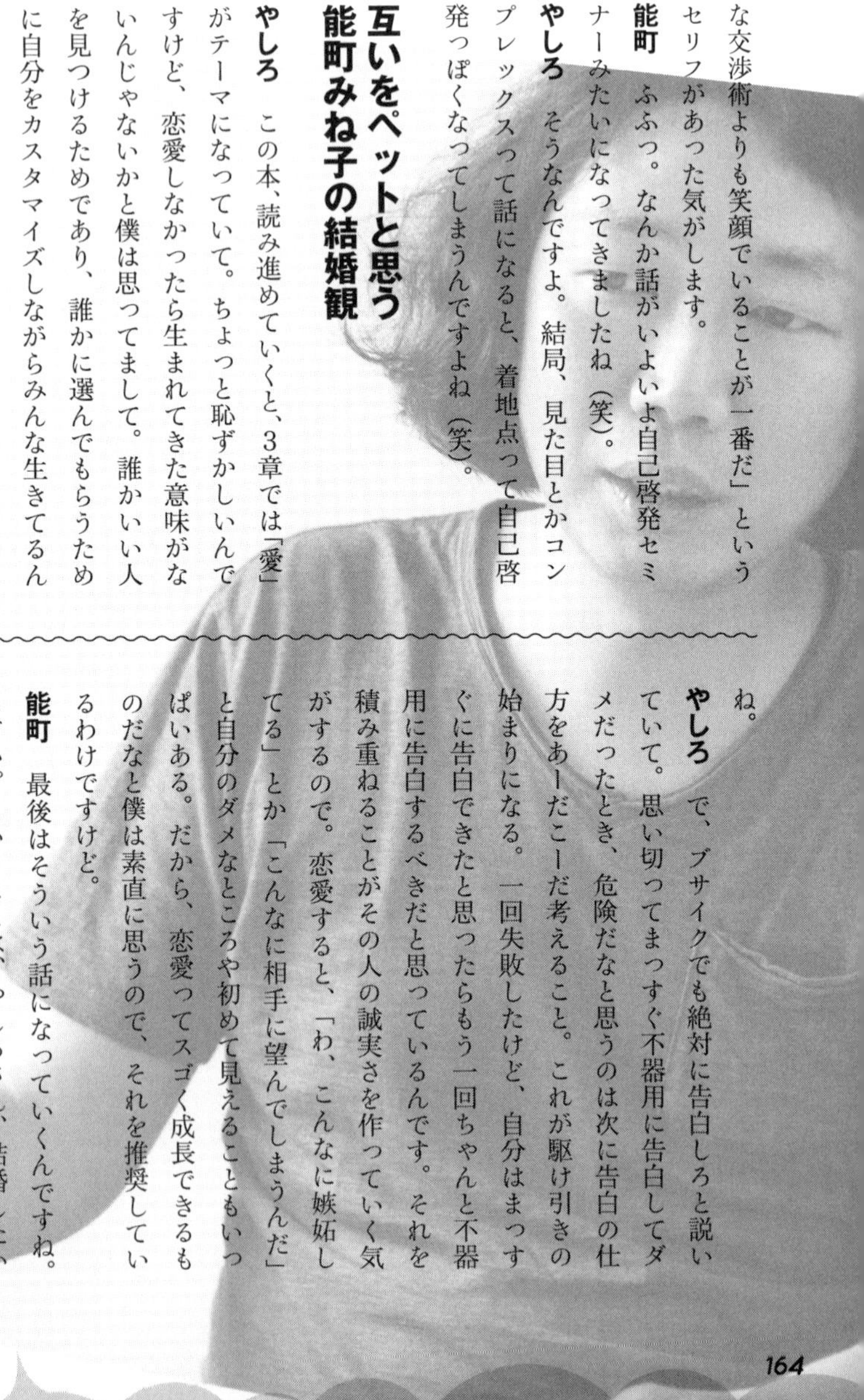

な交渉術よりも笑顔でいることが一番だ」というセリフがあった気がします。

**能町**　ふふっ。なんか話がいよいよ自己啓発セミナーみたいになってきましたね（笑）。

**やしろ**　そうなんですよ。結局、見た目とかコンプレックスって話になると、着地点って自己啓発っぽくなってしまうんですよね（笑）。

## 互いをペットと思う能町みね子の結婚観

**やしろ**　この本、読み進めていくと、3章では「愛」がテーマになっていて。ちょっと恥ずかしいんですけど、恋愛しなかったら生まれてきた意味がないんじゃないかと僕は思ってまして。誰かいい人を見つけるためであり、誰かに選んでもらうために自分をカスタマイズしながらみんな生きてるんじゃないかなと。

**能町**　えーーー！　スゴいロマンチストなんですね。

**やしろ**　で、ブサイクでも絶対に告白しろと説いていて。思い切ってまっすぐ不器用に告白してダメだったとき、危険だなと思うのは次に告白の仕方をあーだこーだ考えること。これが駆け引きの始まりになる。一回失敗したけど、自分はまっすぐに告白できたと思ったらもう一回ちゃんと不器用に告白するべきだと思っているんです。それを積み重ねることがその人の誠実さを作っていく気がするので。恋愛すると、「わ、こんなに嫉妬してる」とか「こんなに相手に望んでしまうんだ」と自分のダメなところや初めて見えることもいっぱいある。だから、恋愛ってスゴく成長できるものだなと僕は素直に思うので、それを推奨しているわけですけど。

**能町**　最後はそういう話になっていくんですね。スゴい。ということは、やしろさん、結婚したいんですか？

**やしろ**　したいです。
**能町**　恋愛をちゃんと踏んで結婚がしたい？
**やしろ**　そうですね。能町さんは？
**能町**　私は恋愛を飛び越えて結婚したい気持ちが強くなっていて。デートとかわりとどうでもいい。恋愛よりも結婚のほうがハードルが低いような気がしちゃっていて。
**やしろ**　はーーー！　スゴい現象ですね、それ。
**能町**　今後どんどん寂しくなるわけじゃないですか？　ひとり暮らしももう20年ぐらいしていて、いい加減、誰かいたほうがいいんじゃないかという気持ちになってきて。でも、誰かと出会って恋愛してデートして、やっと誰かと住むっていう一連のことを考えるともう面倒で嫌だなと。ならば、いっそ最初からお互いに熱烈に好きじゃなくていいから、お互いに嫌いじゃない程度で一緒に生活できる相手はいないかなと。一緒に生活をしているうちに情が生まれてくるだろうし、恋愛的な好きは生まれないかもしれないけど、そういう利害関係が一致する人と結婚できないものかなと。お互いに求めすぎるからうまくいかなくなるので、お互いがお互いをペットだと思えばいい。ペットはいてくれるだけでいいっていう存在。何かをやってもらおうとか分担しようと思うからダメになる。ペットに洗濯しろとは思わない。自分でやれることはお互いに自分でやるっていうスタンス。たまにペット的なふれあいが少しあるっていうのがベストだと最近、思ってまして。
**やしろ**　それはそれでスゴいですね。本当に独身のひとり暮らしの延長線上が溶け合っているぐらいの感じってことですよね。そういう結婚もあるんじゃないですか？
**能町**　今の時代だったらそれもできそうな気もするんですよね。

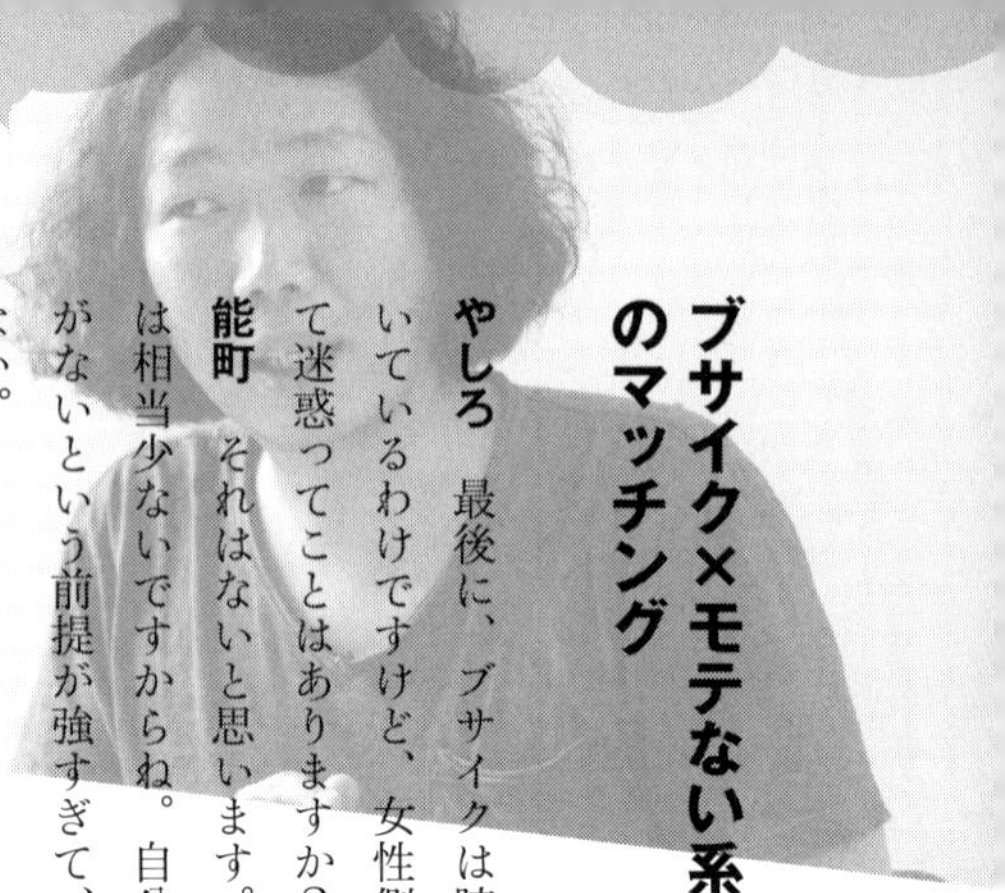

## ブサイク×モテない系のマッチング

**やしろ**　最後に、ブサイクは臆せず告白しろと説いているわけですけど、女性側としては告白されて迷惑ってことはありますか？

**能町**　それはないと思います。自分からいける人は相当少ないですからね。自分がうまくいくわけがないという前提が強すぎて、なかなか行動できない。

**やしろ**　そうですよね。僕も好きだって言われたら単純にうれしいと思うんです。それに、告白されたことで意識するって本当にありますからね。じゃあ、能町さんの本に書かれていたような「モテない系」の女性も告白すべきだと思いますか？

**能町**　うーーん、自分のことは置いといたら、いったほうが良いと思います。可能性がゼロではないんだから。他人事だから言えるのかもしれないけど、言われてイヤだなってこともそんなにないじゃないですか？　だから、とりあえず、男性側は30歳を越えたら外見のハードルは下げましょうとまずは言いたい。男も女も外見のハードルがみんな高すぎるんじゃないかなと。痩せてないとダメだとか。明るい良い子っていうのはたくさんいますから（笑）。

**やしろ**　ふはは。明るい良い子、いいですよね！　結局、明るい良い子がずっと一緒にいて飽きないタイプだと思うので。笑顔が大事とか、明るい良い子とか、最後まで自己啓発っぽくなっちゃいましたが（笑）、女性側の意見がいろいろ聞けて勉強になりました。今日はありがとうございました！

# 第4章

# ブサイクであるからこそ！

# 1 オレの顔を忘れるな!!

いよいよ最終章に入ります！　もうみなさん自分自身のことは受け入れられたでしょうか？　序章から一貫して伝えてきたことは「受け入れる」ということです。受け入れるという最も難しく最も辛い作業が終われば、あとは転がるようにスムーズに思考が流れ、光に向かって進んでいくはずです。

さあ、ここからはブサイクブス連合国からの男前美人共和国への反撃です。今まではまるで逃げるような戦い方だったかもしれませんが、この章では正面から勝負しましょう。とはいえ最終的には敵も味方もない状態への解放に向かいます。だけど、まあせっかくなんで解放前に男前&美人にひと言言っておきましょう！

物事にはすべて裏と表があるように、やっぱり悪いところも良いところもあるのです。ではブサイクで得することってなんでしょう？

前述したよしもとのブサイクランキング1位を獲得し続けた3年間は、雑誌の取材などもかなり多かった。ほとんどの場合が男前芸人とセットでの取材なのですが、だいたい先に記者の方から男前芸人が質問されます。「男前で得したことってなんですか？」。男前芸人が答える。すると悪魔はニヤニヤしながらこちらを見て大鎌を振り上げるのです。

「ブサイクで得したことってなんですか？」

失礼だろ‼（笑）。ブサイクで得したことなんてそれで仕事をもらえることくらいだけど、それじゃあ取材の答えとして面白くない。そもそも「なんですか？」じゃなくて「得したことはありますか？」と聞いてもらいたい！　とはいえ、そう聞かれたらまたムカついていたかもしれませんが。

ただ、今思うとその頃の僕はまだ若かったのです。ブサイクで得することなんてひとつもないと思っていましたが、40歳まで生きてきて、ようやく視野が広がってきてブサイクだから得することが見えてきたのです。だからこそ、この本を書いているわけです。

僕がやってきた芸人という仕事は、普通の職業ではありません。ブサイクだから仕事がもらえるとか、ブサイクだから顔をすぐに覚えてもらえる。なんていうことは他の職業の方々には当てはまらないとずっと思っていました。だけどあるときから「ん？　当てはまるな」

と思い始めたのです。

芸人だろうがどんな仕事だろうが、顔を覚えてもらえるってことは生きていくうえでとてつもなく有利なことなんだと気づいたんです。「好きの反対は嫌いではなくて無関心だ」という有名な言葉がありますが、顔や名前を覚えてもらえないと何も始まりません。

営業などの仕事をしている方もそうでしょうし、人生では職場などの環境が変わって接する人間が入れ替わることもありますし、プライベートでの出会いなどもあると思いますが、まずはいち早く自分を認識してもらうことはどんな場面でも大事なことなのです。


正直に言えばブサイクとして認識されるのはシャクですし、初対面でそう認識されたらずっとブサイクとして扱われますから普通ならイヤですよ！　でも、それってこっちのプライドだけの話なんです。自らのプライドだけ捨てられれば「顔を覚えてもらえる」という得しかないのです！　っていうかプライドを捨てるも何も、そのプライドってなんなんですか？　自問自答の数年間でしたよ。やさぐれましたよ。気がついたら美容クリニックの門の前に立っていたこともありましたよ。デパートで急にマネキンの首をへし折ろうともしましたよ！　「自分は男前だ」というプライドか？　そこまで勘違いはしていないさと思いながら考えていたら、僕のプライドなんて所詮「人にバカにされたくない」という安いものだと気づきました。

そうして考えて考えて、自分の人生を他人の価値観に左右されてたまるか! となったわけです。すると見えてくるものが山のように押し寄せてきました。ブサイクでもなんでもいいんですよ。バカにされたってなんだっていいんですよ。それでストレス減らして楽しく仕事して、楽しく遊べて愛する家族と過ごせれば、それだけでいいんですよ。それ以上のものを求める欲は、ときに余計なプライドを引き寄せてしまうことに気がついたのです。

こういう意見を言う人もいるかもしれません。「ブサイクだから顔をすぐに覚えられるって言われても、男前だってすぐに覚えてもらえるわけだから、だったら男前のほうがいいでしょ!」違う!! 目を覚ませ!! 「男前だってすぐに顔覚えられるじゃん!」という意見がすでにすべての答えです。僕らがブサイクを受け入れて他人の目からも解放されていれば、顔を覚えてもらえるということに関して男前&美人と同じだけ得をしているのです!! 考え方さえ変われればブサイクで得することは実はたくさんあるのです。

さあどんどんいきましょう!

うわぁ――……
走馬灯の大半が……!!

## ❷ 最初からブサイクが有利!!

我々の顔は言い方を変えれば「インパクトがある顔」なのです。絶対に覚えやすいですし、覚えてもらえることで損をすることはない。得しかないのです!!

そして、男前&美人として覚えられるよりブサイク&ブスとして覚えてもらったほうが絶対に得です。それはなぜか？　それは僕らが、

**加点方式ワールドにいるからです！**

見た目が良いということは、スタートから他人の評価が高いということです。残念ながら世界はそんなノリです。しかし、男前や美人だって可哀想なのです。だって見た目が良いというだけで「しっかりしている」「仕事ができる」などのポジティブなレッテルを貼られてしまうからです。男前美人共和国の人々は仕事でミスしたり失言してしまったりしたら、すぐに「なんか残念だね」という銃弾を撃ち込まれるのです。要するに減点方式です。

顔に点数があったとして50点が平均だとします。90点の顔の人は基本的には点数を減らしていくしかないのです。良いことをしたときに異性から過剰に評価されるというメリットはもちろんありますが、僕らと同じミスをしたときには僕らよりもダメージが大きいのです。入試のときに10点だった僕らは、とにかく普通に頑張っていれば入学後に徐々に点数が上がっていく加点方式学園にいるのですから楽しいもんです！

大事なのはスタート時の他人からの見た目による評価や差別に心を折らないことです。ブサイク・ブスを受け入れ、他人の目を無視することができれば簡単なことです。淡々と、普通に生活すればいいのです。

ただ、ひとつ事前にアドバイスをしておきますと、自分に有利なアピールポイントがあったとしても、絶対に自分からは表に出さないでください。評価を上げようとして焦る必要はありません。だって僕らは有利な加点方式なんですから!! みなさんのアピールポイントは自分から出さなくても何かをキッカケに周りにバレます。そのときを静かに、そして誠実に待つのです。なんなら、アピールポイントが周りに知られることは最後までないかもしれない！ ぐらいの覚悟を持って過ごしてもいいかもしれません。そもそもアピールしなくても毎日の仕事を笑顔で誠実にやさしくやれていれば、それが最大のアピールです。思い出してください。僕らの国のキーワードは【ゆっくり確実に】です。

誰だってスタートから得したいですし僕だってそうですが、賢い人を観察してみると、そういう人たちはスタートから無闇にアピールしません。能ある鷹は爪を隠す！です。勝負どころがそこではないことが分かっているのでしょう。そういう人種のなかには最初の評価を下げておくためにワザとできないフリをしたりする強者もいます。そこまでしてでも手にしたいスタート時の低い評価を、なんと僕らは努力もしないで最初から持っているのです!!これはスゴいことです。僕らは自分を偽ることも戦略も用いずにブサイク&ブスというポテンシャルだけで加点方式の世界に自分の身を置くことができるのです！ブサイク最高！ブサイク最強！僕は「うひょー」と叫んで側転したい気分です！側転は女子の得意技かもしれませんが、女子からお借りして側転で草原を平行移動したい気分ですよ！

たまに男前だったり美人だったりして初対面からスゴいアピールしてくる圧の強い奴はいませんか？なんかアメリカ大統領の若い頃みたいなノリの奴。あいつらは点数とかそういうことではなくて、とにかく人より上に立ちたいんです。是が非でも主導権を最初に握りたいのです。これが共和国のノリです。向こうの国では「人間関係はスタートが大事！」みたいな本が流行っているのでしょう。僕らはそんなに頑張る必要がないということもありますが、頑張る場所が違うでしょ！　って話です。

だって僕らは実は、

## スタートから得しているからです！

ご理解いただけたでしょうか？　危険なのは慌てることです。一発勝負の合コンとかなら話は別ですが、学校や会社の人たちとの関係は長く続きます。急ぐことはありません。先ほども書いたような主導権が欲しくてギラギラした目の人たちは、ニヤニヤしながら軽く受け流して大丈夫です。現在の日本ではそういう変なところのプライドが高い人が強く出る場面が多いですし、僕らが巻き込まれて苦しくなることもありますが、そういう人が持っているパワーも社会には必要だとは思います。しかし、だからといってそういう人種に僕らの平和を乱されることは心外です。

だからこそ、僕はこの本を書いたのです。僕はこの本でブサイクブス連合国の住人の心に、本気で、そして真剣に革命を起こしたいのです。何度も書きますが最終目的は解放です！が、世界にブサイクを解放するためには、古い価値観がコビりついた僕ら自身の心を解放しなければならず、そのためにもまずは心のなかに革命を起こさねばなりません！

顔が良いから幸せとか得するとか、顔が悪いから不幸とか損するとか、そんなバカげた先入観をブッ壊すのです!! そういう風潮にドデカい風穴を空けたいのであります!! この本でひっくり返してやるっ!!

## さあイケメンや美人諸君、衝撃に備えろ！

## 3 あの言葉を言っちゃいます！

モラルを第一に考える方はここのチャプターだけは読まないでいただきたい。自分で書いておいて勝手な話ですが、僕はこれから男前や美人を糾弾《きゅうだん》するつもりで言葉を重ねます。

これまでもイカレた偏見を誹謗《ひぼう》中傷《ちゅうしょう》と受けとられてもおかしくない文章で綴ってきましたが、ここでは一切のリミッターを解除して、男前美人共和国に対して全力で攻撃をする構えなのです。時代が時代ですから、本のなかからここの文章だけを切り取って、前後の流れや本当の意味などを無視してどこかに掲載されたら誤解を招くし叩かれる恐れがあります。許されるのであれば、本来ならこの項だけ袋とじにしたかったくらいです。

ここから先は、ブサイクブス連合国の秘密集会です。もしもスパイがいたら僕の作戦は計画段階で邪魔をされ、集会は権力者たちから圧力を受け、解散させられてしまうでしょう。僕は自分が叩かれることも誤解されることも嫌ですが、それよりもこの秘密の集会が解散させられることが許せないのです！　しかし不安だからといってビビっていたら僕らの本当の解放宣言は成し得ません。ですからこの本はブサイクブスしか読んでいないと信じて集会を始めたいと思います。

さあ諸君、今こそ立ち上がろうじゃないか!!

生まれたときからカッコいい！　かわいい！　と言われチヤホヤされて生きてきた奴らに今こそ真理の鉄槌《てっつい》をブチカマすのです!!

人類の歴史が始まってから長い間我々は迫害を受けてきた。バカどもは「だったらどんな迫害だったのかちゃんと説明してみろ！」などとほざくが、ブサイクやブスがやられてきたことは分かりやすいエピソードなどでは表現ができないのだ！

ブサイクやブスが店に行って飯を出されなかったことがあるか？　ブサイクだから、ブスだから、定食の小鉢をなしにされたことがあるか？　その答えはノーだ!!　そんな分かりやすい差別をしてこないからこそタチが悪いのだ!!

我々だって誰が聞いても分かる差別を受けたエピソードがあれば声を大にして叫ぶし、戦うこともできたであろう。ひとつの事件をキッカケに集結し、団結しデモ行進をして武器を持って戦うこともできたであろう。しかし、世界はイヤらしい!!　スケベだ!!　分かりやすくは何もしてこない代わりに沈黙で我々を見下し続けている。

「ちゃんと説明しろ！」だと？　フザケるな！　説明ができないのだ。外を歩くときに自分の顔を見られないように意識しながら歩く気持ちをどのように説明したらいいのだ！

物心ついた幼い頃から自分以外の子どもが大人からチヤホヤされているのを見てきたこの気持ちをどう説明したらいいのだ！　顔が隠れるように前髪を伸ばす心模様をどう表現したら奴らは理解できるのだ？　異性から連絡が来て「あんたの友だちの○○を紹介してほしいんだけど」と言われたときの喪失感や劣等感、急に宇宙空間に生身で投げ出されたような不安感など絶対に分かるはずがないのだ！

顔の作りという要素だけで、我々が涙を我慢する時代はもう終わりだ。人類の歴史において好みの顔の流行は変化してきただろうが、結局はどこの地域でも国でも、そしてどんな時代でも「整った顔」がモテハヤされ、得をしてのさばってきた。

整ってるだけじゃないか！　人間はバカなのか？　そうバカなのだ！　私の考えでは資本主義の発達と共に人間における顔の価値も高まってきた。欲望のままにやりたい放題やったあげくが格差だ。

お金は本来「物を交換する」のに使うものだったが、今は「貯める」ものになってしまった。顔は本来「区別する」だけのものだったのに今は「差別する」ものになった。貯金が多い人が価値ある人になり、顔の良い人が価値ある人になってしまった。世界は金持ちだけが金儲けできるようにどんどん変化し続けてきた。同時に男前や美人が多くの利益を得るようなシステムもどんどん生まれてきた。人間は本来、目には見えないものを大切にしてきたのに、今では目に見えるものだけに重きを置いている。星の王子様もきっと泣いている!!

今こそが、人類誕生以来最悪の顔面格差時代である！ これは努力もしないのに単にたまたま整った顔をしていただけで調子に乗ったアホどもの責任である。彼らが無意識のうちにつくり上げた格差。しかし、資本主義の限界が騒がれ始めている昨今、顔面至上主義社会も終わらねばならないのだ！ すべてが臨界点に達しようとしているのだ！

我々はただただ平和に過ごしたかっただけなのに、奴らが我々を勝手に下に位置づけたのだ。……我慢した。長い時間我慢したのだ。さあ、資本主義と顔面至上主義の世界に終止符を打つときがきた。アイキャン！ アイキャンである。いや、ウィーキャンであーーーーる！

この時代において御法度であり禁断の果実でありパンドラの箱でもある【偏見】というものを天に高く掲げ私は宣言する。

**男前や美人はバカが多い！！！！！！！！！**

人類が長いこと知りながらも黙っていたこの事実が、今こそ公《おおやけ》になり人類共通の認識に押し上がるときが来たのだ。

歯を食いしばりながら言いたい気分だ。下の歯と上の歯をくっつけたまま「奴らにはバカが多い」と言いたいのだ‼　唇だけを動かして強い意志が読みとれる雰囲気で言いたいのだ！

これはもちろん偏見であり根拠のない悪口である。人類史上における最初で最後のブサイクブスから男前美人への悪口である。怒る人がいれば怒ればいい！　1回くらい、いいではないか。我々はずっと偏見に耐えてきたのだ。ブサイクだからブスだからというだけで、いわれのない悪口や偏見や先入観によって血の涙を流し続けてきたのだ。それでもまだ苦情を言いたい人間がいるのであれば認めよう。

男前や美人でスゲー頭良い人はいる‼
男前や美人でスゲーやさしい人はいる‼
男前や美人でスゲー謙虚な人はいる‼

私は泣いている。連合国民の皆様、本当に申し訳ない。しかしこういう人たちもいるのは確かである。

本題に戻ろう。問題は、賢くもなくやさしくもない男前美人な奴らだ。我々の心の解放前夜の革命を、我々の心の叫びを、奴らが鼻で笑い、顔面至上主義を終わりにしないのであればこちらも本気でやるしかない。

奴らが望むのであれば、顔面至上主義世界を続ければいい。ほれ、続けなさい!

その代わりこれから先、顔面至上主義の主役に我々ブサイクブス連合国の国民がなる!!お前たちをその台座から引きずり下ろしてやる。なんの努力もなしに手に入れた権力が未来永劫続くと盲信し、繁栄を謳歌した自分たちの愚かさを恥じるが良い!

さあ化け物のような顔の同士たちよ、今こそ我々が歴史の表舞台に出るときである。武器など持たなくてもいい。僕たちには相手が怖がるマグナムフェイスがあるじゃないか! そしてこの本を掲げるのだ!! さあ、歴史を塗り変える世界最大規模の妖怪百鬼夜行の始まりだ!!

## 4 男前と美人が持つリスク！

顔が良いことはスタートで有利なだけであって、決してそれだけで勝ち組となるわけではない。我々はそのことをちゃんと理解することで、ブサイク・ブスであることの劣等感を捨てるべきなのだ。何回でも何十回でも書きますが、長い目で見たらブサイクやブスのほうが幸せになれる可能性が高いのだ。

男前美人共和国の人々は確かに幸せになる機会を手にしやすいかもしれないが、同時に不幸になる機会にも絶えず接している。彼らはそのことをキチンと理解して「ああ、どうして僕は男前で生まれてしまったんだ！」「ああ、なぜに私は美人で生まれてしまったの!?」と嘆くべきなのです。今までブサイクが叫んでいたことが完全に逆転して嘆きの革命が起きるのです。解放とはひと言で言えば平らになるということですから、まずは革命を起こしてブサイク側のヘコみをなくし男前側の突起を戻します。

人間は誰でも幸せになりたい。これが大前提です。だけど「優越感を味わいたい」という考えはとても危険です。

幸せになるための大事なひとつがパートナーとの出会いであり結婚です。男前や美人はそれらを僕らよりも苦労せずに手にします。本来ならばそれですでに幸せなのだからモテモテ競争社会から離脱すればいいのですが、美人や男前はそこからなかなか離脱ができません。それはなぜか？　シンプルな理由です！　それは男前であり美人だからです。

皆様、様々な先入観を捨てて、考えてください。結婚してからもモテることはリスクでしかないのです。結婚してからもカッコイイ旦那でキレイな奥様で、子どもが生まれてからもカッコイイお父さんでかわいいお母さんであることはとても素敵なことだと思います。そういう風に歳を重ねることがおしゃれ！　みたいな風潮が吹き荒れていますが、そのメリットは世間体が良いくらいのことしかないのではないでしょうか？　それに引き替えデメリットは家庭崩壊です。代償が大きすぎるのです！

旦那さんはいつまでもカッコイイおしゃれなパパで、奥様もいつまでも若くてかわいいママで、それでも一切、浮気も不倫もせずに幸せに生活してる方もいるでしょう。それはもう無敵な状態です。憧れです!!　しかし、誰かに憧れられることに何か意味があるのでしょうか？　本人たちがちゃんとケアして浮気をしないつもりでも、周りの多くの異性からアプローチをされまくったらどうでしょうか？　僕だったらまったく自信がありません。

## モテることはリスクでもある！

のです。僕らが思うよりも「誘惑というリスク」は巨大な魔物かもしれません。「結婚してからもモテたい！」という素直な方もたくさんいるかもしれません。問題が起きても自分とパートナーだけならば大人同士なのでうまいやり方も心の置きどころも見つけることができるかもしれません。だけどこのケースで最も影響を受けるのは子どもです。子どもの心です。

僕はかつて、毎日平日の夜10時から2時間、「SCHOOL OF LOCK！」という10代向けのラジオ番組のパーソナリティーを6年半やりました。そこで全国のたくさんの子どもたちの悩みを読みましたし、本当に多くの悩みを電話でも直接聞きました。そこで僕は多くを学びましたし、忘れていたことをいくつも思い出させてもらいましたし、親の大切さを知りました。

僕らの人生は順番です。僕らは子ども時代を経験して思春期を経て、大人になりました。誰もがその順番をたどっているはずです。子どもの心や生活を守るのが大人や親の仕事だとするならば、ときとしてモテることは危険だと感じます。子どもや近所には絶対にバレないように仮面夫婦を演じることだって可能かもしれませんが、その状況を幸せといえるのでしょうか。それに、バレなくても子どもの心には必ず影響を及ぼします。

モテることで愛する人と一緒になれる可能性は上がりますが、付き合ったあとにモテることは逆にリスクになる、というなんとも難しいシステムが存在します。もちろん何十年も誘惑に勝ち続けることのできる人もいるでしょう。結局はブサイクとか美人とか関係なしに強い覚悟という愛が必要なんだと思います。

僕はまだ未婚ですが、いつの日か憧れの結婚という奇跡が起こったら不倫はしたくないと思います。しかし、お酒を飲んで前頭葉が麻痺して欲望が活発化してるときに誘惑されたら……と思うと恐怖です。まったくもってブサイク未婚男のいらない妄想です。でもそんな捕らぬ狸の皮算用を考えては夜な夜なベッドで震えています。それくらい誘惑は危険です。その誘惑というものになるべく出会わないほうがいいと考えますし、ましてや誘発させるような日頃の行いはなるべく避けたいのです。

誰もが幸せになるためにモテようと努力をするのに、モテることがいつしかリスクになり幸せを脅かす。幸せと優越感は近くにあるようで永遠に交わらない平行線のようなものなのかもしれません。

そう考えると「顔はブサイクだけど大好きな女性と結ばれる」「顔はブスだけど大好きな男性と結ばれる」。これこそが無敵な気がしてきませんか？　この状態になるにはそれなりの困難と覚悟と修行が必要かもしれませんが、少なくとも僕たちは整ってない顔はすでに持っているわけですから、イケメンや美人に比べれば最高の幸せというものに明らかに近いところに住んでいると思うのです。

男前や美人であることは決して完璧なことではないのです。

さあ世界の風向きを変えましょう。

# 5 セレブがブサイクを連れ歩く時代!?

ブサイクだから損をする、男前だから得をする! というのはあくまでも側面的な話だと理解してもらえましたでしょうか?

ブスだから得することも、美人だから損することもあるのです。

人間が手にしなくてはいけない大事なカードとして、謙虚さというものがあると思います。謙虚さは他人との調和を生みますし、謙虚であればいくつになっても成長できますし、ものスゴく大切ですが、とっても手にするのが難しいカードだと思います。多くの偉人たちが「謙虚さが大事」だと口に出したり言葉として何かに残したりしています。

謙虚さを手にするのに邪魔になるのが〝順調〟ということだと思います。僕自身も小学校の頃、少し勉強をするだけで成績が良くなるので勉強をナメましたし、自分自身のポテンシャルを過大評価しましたし、人生を甘く見たと思います。今、文字にして改めて恐怖を感じましたが、やはり「スタートは順調でなくてもいい」ということです。

日本には「終わり良ければすべて良し」という素晴らしい言葉がありますが、僕はこのことわざは過程よりも結果が大事だという意味ではないと思います。しっかりとした過程を経れば、ミスやアクシデントがあっても最終的にはうまくいく、という意味だと解釈します。要するに周りに惑わされずに正しい思考で正しい行動をすることが結果に繋がるのではないでしょうか。

はじめから順調だと落とし穴に落ちることもありますし、精神的な油断が怠けを呼ぶのだと思います。勉強をナメた結果、高校のときに僕は学年で最下位になりました。

自分が男前、美人だと自覚している人たちは、恋愛において油断している可能性が高いのです。なぜなら小さい頃からチヤホヤされただろうし、思春期では恋愛スタートダッシュをかませたハズだからです。順調なスタートは実はハイリスクですし、謙虚さからはどんどん離れていく要因となります。

顔が良くてモテることに価値はありません。効率よく勉強できることに価値はありません。身体能力が高いことに価値はありません。僕らは勘違いをしがちです。僕もずっと勘違いしていましたが、ブサイクというものを通して、考えて悩んで苦しんでようやく少しだけ見えてきました。

**モテなくても愛する人と結ばれて、愛を渡すことに価値があります。**
**勉強をして学問を知識に変えて活用できて、初めて価値があります。**
**身体能力の高さを鍛錬でさらに高めて、限界にチャレンジすることに価値があります。**

謙虚であることとネガティブであることはまったくもって違います。ありのままを受け止めて謙虚に前向きに進む。結局は「積み重ねた人」がカケガエのない宝を手にするのでしょう。

男前や美人よりもブサイクブス連合国は謙虚さの近くに住んでいると考えます。

僕らは僕らを愛してくれた人を疑うことはありませんが、男前や美人には「もしかしたらあたしの顔だけが好きで付き合ったのかも？」「もしかして俺の中身や性格なんて全然知らないんじゃないだろうか？」などの疑念がつきまとうのです。これは意外にキツいと思います。疑心暗鬼スパイラルに飲み込まれる可能性があります。しかも、実際に顔だけが理由で付き合っている人も少なくはないでしょう。

「向こうから告白してきたのに、３カ月で別れ話をしてきた。そんなのが数人続いてる」

なんてことを嘆いてる人に、僕は何人も会ったことがあります。彼らはすっかり人間不信になっていました。

風向きを変えましょう！　誰も真実を言わなかったから、僕らはずっと先入観に支配されていたのです。顔が良いことはスゴいことですが、足が速いことや勉強ができること、健康なことや明るいこととその価値は同じのです。いや、むしろ健康や明るさよりもかなり重要度は低いかもしれません。なぜならばかなりのリスクも併せ持つからです。

世の中の風潮が「イケメンと付き合ってるとか恥ずかしくない？」とか「よくお前あんな美人と付き合うな？　苦労しかないだろ？」とか「まだイケメンと付き合ってるの？　古くない？」といった声が聞こえるようになれば良いと本気で思っているのです。

そもそものそもそも、美人はブサイクと付き合って一緒に歩くだけで「あの女の子、男を顔で見ないんだね。性格良さそうだよねー」って言われるハズなんです。同様にイケメンだってブスと歩けば得するんです！　だから男前と美人はブサイクとブスを連れて歩けばいいんです！　なんだか少し主旨がズレてきたような気もしますが、あくまで僕はブサイクブス連合国の住人の地位が少しでも改善されることを祈っているのであります！

この本が国内で話題になり、ブサイク＆ブスが立ち上がり声を高らかにあげて、男前＆美人が震えて隠れるような事態になれば、その現象は日本から世界に飛び火して世界の顔面勢力図が塗り変えられるのです！

海外のセレブがブサイクと付き合いだして、世界中の女たちが競ってブサイクを奪い合い、よりブサイクなほうが高い価値を持つことになるのです。

## セレブがブサイクを連れ歩く時代到来だ!!

もちろんブスにも同じ流行が押し寄せて世界中でブサイクとブスの需要が高まり、時間と共に当たり前なこととして定着して、そうして初めて価値観の逆転が起きるのです……。

なんだかブサイクがセレブにとってのブランド品みたいになってしまった。理想を妄想して書き殴っていたら結果的にただのカバンや靴と同じような扱いになってしまった。ブサイクブス連合国の人間が人間ではなくなってしまった。

そうなんです。

だから革命ではないのです。革命が実際に起きる必要はなく、僕らの心のなかでだけ起きればいいのです。

革命という言葉は刺激的で魅力的ですが、立場が逆転する革命ではなくて、解放でなくてはならないのです！

ロシア革命やフランス革命のように市民が立ち上がって歴史を動かしたことは偉大かもしれません。だけど、産業革命、ＩＴ革命のような革命は少し微妙だなと感じてしまうのです。産業革命のおかげで生活は激変して便利になりましたが資本主義に拍車がかかりましたし、ＩＴ革命が起きて生活は便利になりましたが、人と人との直接的な接触や対話が減って人間関係にも大きな変化をもたらしました。２つの革命は人類の進化に欠かせない大きな変化ですが、いつか人類が滅亡する日が来てしまったとして振り返ったときに「あの２つの革命が個人の寿命を延ばしたが人類の寿命は縮めた」となる可能性もあるのです。人類の生活と経済に多大な影響を及ぼした２つの革命が、本当の意味で吉だったのか凶だったのかはまだ答えは出ていないと僕は思うのです。まだサイコロは転がってる最中なのです。

僕は奴隷解放も女性解放も、弱者が本来ある平等な権利を手にしたことが【解放】だと認識しています。ですからこの本の内容も、革命よりも解放のほうが良いと思いましたし、ふさわしいのではないかと思いました。だからブサイク革命ではなく【ブサイク解放宣言】なのです。

革命によって、男前の上に立つ必要などまったくないのです。そもそも同じ人間ですから上も下もありません。ですけど、これまでブサイク&ブスが下に見られてきたのも事実だと思います。資本主義の加速が人間の勝ち負けをエスカレートさせ格差が限界を迎えています。顔面格差ももうリミットです! この流れに歯止めをかけるにはどうしたらいいのか?

他人には任せておけません。

まずはブサイクブス連合国の僕たちの心のなかを先に変化させないと何も始まりません。

**私たちから始めるのです! 変わるときなのです!!**

内側が変われば外の世界も徐々に変化するはずです。見た目にとらわれないユートピアが待っています。男前や美人だって他人の目から解放されたほうが絶対に楽しく生きられるはずなんです。僕らは敵でもなければ比較対象でもありません！　容姿における価値観が今の半分にでもなれば国境はなくなり、連合国も共和国もなくなり、全員で手をつないで歌いながら虹の橋を渡って行けるのです！

僕らがブサイクやブスという概念から解放されれば、その解放は外に広がり、やがて世界が解放されます。僕らひとりひとりから始めましょう。最初は少ない人数ですから不安も大きいと思いますが、すでに解放されている達人もたくさんいますから、助けてもらって確実にゆっくり平和に行きましょう。

**さあブサイク解放宣言です。**

さすがセレブ
ステキなブサイクき
おめしだわ〜
うらやましい
わ〜
重くないの
だろうか…

## ❻ ブサイクの頂点・アイタイダ！

中国の偉人・荘子の本のなかにアイタイダという人物が出てきます。

国の偉い人が妙な噂を耳にした。

とある街にとてつもなく人に愛される人物がいるらしく、その人物と共に過ごした男性は離れることを拒み、その人物を知る女性たちは親に「私はあの人の奥さんになれなくてもいい、愛人でもいいからあの人の側にいたい！」とまで言うらしい。

半信半疑で偉い人が会いに行ってみるとその人物は実在したのだが、見てビックリ!! その人物の顔はとてもとても醜かった。そう、とてつもなくブサイクなのだ！

その究極のブサイクな人物こそがアイタイダである。顔が醜いのになぜアイタイダはそこまで人々に慕われ愛されるのか？　不思議に思った国の役人はアイタイダと共に生活をしてみるのだが、アイタイダはとくにお金があるわけでもなく、知識が豊富なわけでもない。謎は深まるばかりだ。しかし半年、1年とアイタイダと過ごしてみて役人は彼から離れることが嫌になった。アイタイダがしていたことはただひとつ。

## 和して唱えず!!

だけなのである。「和して」とは相手が話しているときにときおり相づちを打ち、相手の話や意見に同調すること。人と人、心と心の【和】であります。そして「唱えず」とは簡単に言ってしまえば自分の意見を言わないということです。主張しない。考えを唱えない。自己をなくす! まで言ってしまうと誤解を招いてしまいそうですけど、相手の心に合わせて相手の心を楽にすることに自己を見出す。

難しく考えることはなくて、要するにアイタイダはいつもニコニコ笑いながら酒を飲んで、男も女も誰にでも差別なく話をちゃんと聞いて同調して、自分は語らない。それだけ。この物語に、このアイタイダに僕らブサイク&ブスの大きな答えのひとつがあると思うのです。

荘子がなぜ主人公をブサイクにしたのか? それはもちろん、人徳とは見た目と関係ない、人に愛されるためには「和して唱えず」なのだ、ということを伝えたかったのだと思うのですが、ブサイクであることには別の意味があると僕は考えています。

荘子が生きた2000年以上前の中国でもブサイクという概念はあったのでしょうし、おそらく「醜い顔＝生き辛い」という構図だったのでしょう。やはり遠い昔から世界中の文明でブサイクブス連合国の人間は見下され損をして憐《あわ》れまれていたのです。恐ろしい話です。

例えばあなたが、男前や美人が毎日楽しそうにしている様を近くで見ていたら何を感じますか？　何も感じない人が多いのではないでしょうか？　「顔が良いんだし、悩みもなさそうだし、楽しそうで普通じゃん」。あったとしてもこれくらいの感想でしょう。

しかし、もしもあなたの近くで誰よりも醜い顔の人間が、穏やかに酒を飲みながら毎日ニコニコして過ごしていたらどう思いますか？　そうです。安らぐのです！


心のなかには誰もが偏見を持っています。偏見をもたらすのはお金なのか家柄なのか顔なのか、それとも権力なのか地位なのか才能なのか、はたまた知名度なのか幸福度なのか健康なのか？　偏見とは歪《ゆが》んだ心です。

「自分の顔よりも醜い顔を持つ人を心のどこかで下に見てしまう」。そんな人たちが自分よりも明らかに醜い顔をしているだけで少しバカにしていたアイタイダと過ごし触れ合い、価値観が変化する。

最初のうちは、今まで出会った誰よりも自分の話を聞いて受け止めてくれることが何よりもうれしくて気持ちがいい。ときを重ねてだんだんとアイタイダがブサイクに見えなくなってきて、彼の生き方がカッコよく思えてくる。なぜならば彼は誰よりも偏見の眼差しを受けて生きているのに、一切気にすることもないし、誰よりも他人を色メガネで見ない。誰かが生んだ偏見は他者を傷つけ、傷ついた者には強い偏見が芽生えてまた誰か別の人間を見下す。偏見が偏見を生み続けるのが世の常なのかもしれませんが、我らがヒーロー、アイタイダは、

## 強い偏見を受けて、偏見を気にせず！

偏見スパイラルのストップを一手に引き受け、笑いながら過ごしているのです。これはもうカッコイイに決まってる！　スゴすぎます、アイタイダ!!

そうしてアイタイダと過ごす人々は気づくのです。「偏見なんて意味がない」ということに。そして人々は自分たちの体と心が軽くなったことを実感したのです。知らず知らずのうちに誰かを見下したり、誰かに憧れたり、上に見たり下に見たりしながら劣等感や優越感にまみ

れにまみれた心がどれほど重く硬かったかを思い知らされるのです。だからこそ男も女も例外なく万人がアイタイダを愛し、離れたくなくなるのです。

ブサイクやブスってスゴくないですか？　普通に楽しく生きてるだけで周りの人の心を軽くするんです！　先入観という重い鎖を外すことができるんです！　これは男前や美人には絶対にできない魔法です。だってアイタイダ自身が、「生きるユートピア」なのです!!　僕はこの本で、みんなでユートピアに行きましょう！　みんなでユートピアを作りましょう！と書いてきましたが実は、

**ユートピアはみなさん自身なんです！！！**

ひとりひとりがユートピアになれるチャンスです。そして世界からくだらない偏見を追い出せるチャンスかもしれません。

さあ、ブサイクからの解放です。さあ、ブスからの解放です。

僕らから世界の解放を始めましょう！

# 最終話 ~未来へ~

私たちから始めるのです!!
変わるときなのです!!

男前や
美人である
ということは
決して
完璧なことでは
ないのです!!
ブサイクだから
損をする
男前だから
得をする
それは
あくまでも
側面的な話である!!

頭が良くてモテることに価値はありません!!
効率よく勉強できることに価値はありません!!
身体能力が高いことに価値はありません!!
ブサイクというものを通じて
考えて…苦しんで!!
ようやく…
見えてきました

さぁ
ブサイク解放宣言
です

閉塞感広がる世界を
救うためにも

# 今こそ「ブサイク」を解放せよ！

**名越康文**
（なこし・やすふみ）
1960年、奈良県生まれ。精神科医。相愛大学、高野山大学客員教授。臨床に携わる一方で、テレビ・ラジオでコメンテーター、映画評論、マンガ分析など様々な分野で活躍中。

精神科医として臨床に携わりながら、コメンテーターとして数々のテレビ番組に出演し、著作も数多く著す名越康文が、マンボウやしろとマジメに語り合う。なんと、ひとりのブサイク代表として。やしろが目指す「ブサイク解放宣言」は果たして実現可能なのか？　名越との対話から、そのヒントを探ります。ブサイクブス連合国の人々は、どのようにして現代を生き抜くべきなのか。隠れブサイクブス連合国民だった名越なら、すでにその解決策を知っているはず!?

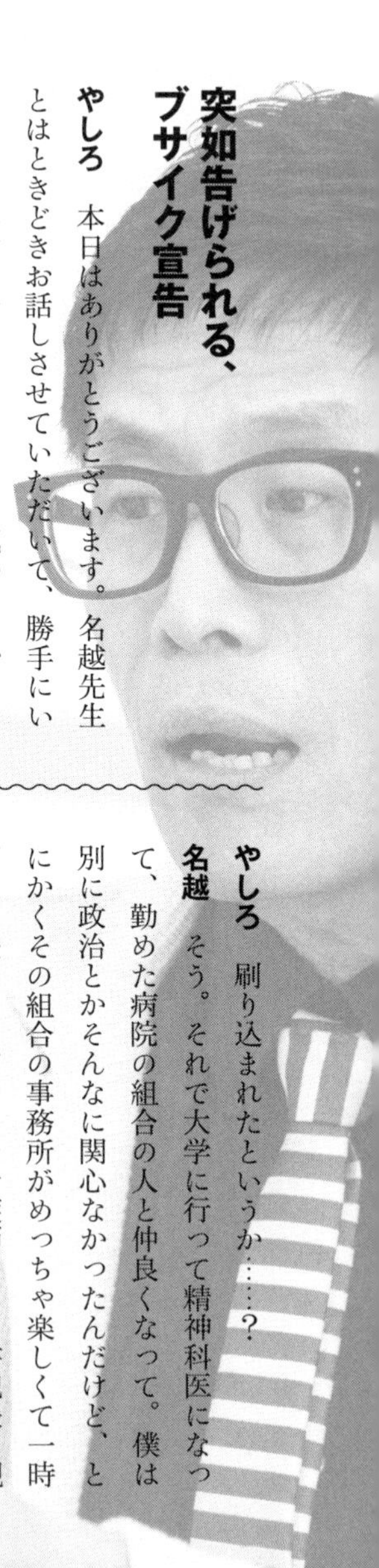

## 突如告げられる、ブサイク宣告

**やしろ**　本日はありがとうございます。名越先生とはときどきお話しさせていただいて、勝手にいろいろと感覚が合っているような気がしておりまして……。

**名越**　僕もいつもやしろさんとお話しするのは楽しいと思っていますよ。しかも「ブサイク」というテーマにも僕はピッタリの人選だと思いますね。

**やしろ**　え？　僕、名越先生をブサイクだと思ってないんですけど。むしろ男前だと思っているんですが……。

**名越**　いやいや、いいんですいいんです。だいたいうちの母親がおかしいんです。僕を溺愛して、ずーっと「男前のやっちゃん、男前のやっちゃん」と言われ続けて育ったものだから。

**やしろ**　刷り込まれたというか……？

**名越**　そう。それで大学に行って精神科医になって、勤めた病院の組合の人と仲良くなって。僕は別に政治とかそんなに関心なかったんだけど、とにかくその組合の事務所がめっちゃ楽しくて一時期入り浸ってて、そこで看護師さんの書記長と親友になったんです。

**やしろ**　はい。

**名越**　それで、誰かに酷いことを言われたとき、その親友に「もしかしたら僕は男前じゃないのかな？」って言ってみたんですよ。分かってなかったから。そしたら「え？　先生、自分のこと、男前だと思ってはったんですか？」って言われたんです。

**やしろ**　ふはは。

**名越**　その頃の年齢、30代前半といえば、責任が生じる割には社会のなかでまだ自分に自信を持てなくて精神が安定しない、いわば「思春期第2期」

ですよ。医者だってそうなんです。リーダーシップをいきなり求められて、やることは課長クラスのこと。それをヒラとか係長クラスで求められるわけです。そんな時期に「自分のこと、男前だと思ってはったんですか?」ですよ。それもスッゴい神妙な顔で。さらに僕の顔を覗き込んで「先生、ブサイクですよ」って。

**やしろ** ふはは。ちゃんと言われたんですね?
それはショックが大きい。

**名越** ちゃんと！ 正式に。僕はもう、その日はどうやって家に帰り着いたか分からない。

**やしろ** ふはっはっはっはっははっはっは。

**名越** だから分かってるんですよ、自分がブサイクだということを(笑)。

**やしろ** 僕も小学校3、4年のときに急に女子に言われたんですよ。「やしろ、ブサイクのくせに黙れ」って。そこからずっとです。「自分はブサイクなんだ」って。

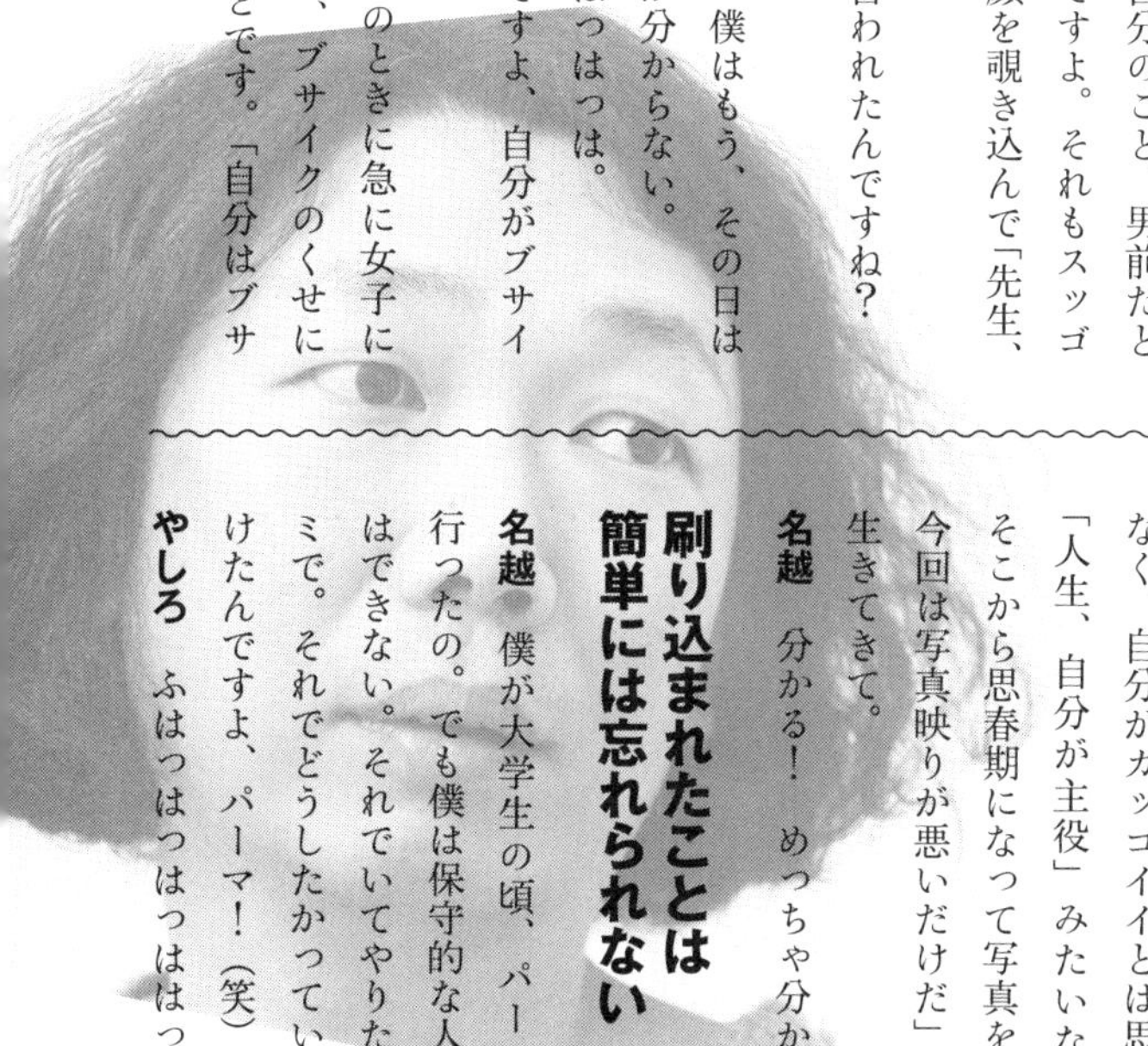

**名越** その頃は自分が男前かブサイクかなんてこと、気にしてなかったでしょ。

**やしろ** 気にしてなかったですね。でも、なんとなく、自分がカッコイイとは思ってないですけど「人生、自分が主役」みたいな感じだったんで。そこから思春期になって写真を見るたびに、「あー今回は写真映りが悪いだけだ」ってだましだまし生きてきて。

**名越** 分かる！ めっちゃ分かる。一緒！

## 刷り込まれたことは簡単には忘れられない

**名越** 僕が大学生の頃、パーマをかけるのが流行ったの。でも僕は保守的な人間で、斬新なことはできない。それでいてやりたがりのイッチョカミで。それでどうしたかっていうと、前髪だけかけたんですよ、パーマ！(笑)

**やしろ** ふはっはっはははっはっは。

**名越**　最悪でしょ？（笑）。僕、地元の散髪屋のおっちゃんとめっちゃ仲良かったんですけど、そのおっちゃんもさすがに「前髪だけだと変だよ」って言ってくれた。でも僕はそれを「前髪だけでも変なのに全部あてたらもっと変になる」って解釈したんです。それで強めに「前髪だけにしといてください！」って言ってやってもらって。それであくる日くらいに撮った写真を見てみたら、（前頭部に手を当てて）ここにハンバーグが乗ってる状態ですよ。焦げたハンバーグが。こういうブス話はふんだんにあります。

**やしろ**　（笑）。でも、僕はホントに名越先生のことをブサイクだとは思ってないですからね。

**名越**　それは「ありがとう」なんですけど、刷り込みというのは簡単にはなくならないですからね、人間は。刷り込まれたものがあると、あとから言われたことを全部無化するんですよ。これが人間の心理です。

**やしろ**　ははあ、なるほど。

## 顔＝アイデンティティーが人類の不幸を生んだ

**名越**　僕にとっては「ブサイク」っていう言葉と「ドジ」っていう言葉、この2つがマイナス萌えポイントなんですよ。だから「ブサイク」っていう言葉は決して客観性ではない。そうじゃなくて、幻想だからこそ、その人を縛りつける。平気で10年、20年、30年。そーいう強烈なバイアス、先入観をガーッとその人に刷り込んでしまうのが、その言葉なんです。呪縛されるんです。なんで呪縛なのか分かりますか？

**やしろ**　いや、分かんないです。

**名越**　簡単なことです。人間の顔というのは、手のひらとか、あるいは「お腹出てきたな」とかと違って、一番気になるところなのに絶対に見られないんですよ。しかも鏡で見ても左右が逆になってしまって実際とイメージが違う。だから写真で見ると「こんなんじゃない」って思うじゃないですか。

**やしろ**　なるほど。

**名越**　人間の顔というのは、実は一番気にしてい て、かつ最も他人にも影響力があるし、何よりも自分に影響力を持つのは「見えないから」こそなんです。そういうものに、人間はものスゴくこだわっている。だから僕たちは男だって髭を剃るし、女性はお化粧をする。そうやって自分の個性を一番出そうとしているのに、肝心のその顔は自分では見ることができない。だから、例えばゴジラは尾っぽが立派じゃないですか？　あの尾っぽがあるからこそ王様でいられたと思うんですよ。猿だったらお尻、虎だったら爪がアイデンティティーとなっているはずです。

**やしろ**　顔じゃないんですね。

**名越**　だって顔なんか見たことがないんですから。人間はそれを極端に自分のアイデンティティーにしちゃったがために、そしてそれが見えないからこそ、絶えず「どんな顔をしてるんだろう？」ということを相手の顔色を見て気にして「自分のこと、好きかな？　嫌いかな？」と絶えず検証し続けなければならない。だから人類はみんな「顔ノイローゼ」なんです。

## 社会が大きくなればなるほど 顔の良し悪しが重要視される

**やしろ**　先生はどうしたら「ブサイク解放宣言」できると思いますか？

**名越**　この日本という島国の人口が3000万人くらいだったとします。そうすると近くの人とじっくり付き合うでしょ。だから顔が第一ではないですよ。例えば小さい村、そういうところで300人、あるいは1500人で暮らしていた。そうしたら、「こいつ口臭いと思ってたけど毎日話してたらいい奴だと思えてきた」とか絶対良いところが見えてくるんですよ。小泉進次郎が大平正芳みたいな顔してたらどうなってたと思います？

**やしろ**　ハッキリ言ってください。

**名越**　まったく相手にされてない！

**やしろ**　そうだと思います。

**名越**　誘導尋問がすぎますよ（笑）。

**やしろ**　だから人口が多いところでは見た目に頼らざるをえないんです。次々に人と会わないといけないから。小さな村ではそうじゃないということです。

**名越**　これは同じ話だと思うんですけど、僕は男前とか美人はスタートダッシュが強いと思っていて。でもやっぱりブサイクはゆっくりやるべきで、そのスタート時点での遅れを男前や美人への焦りをなくすことと、そこをあえてゆっくりじっくりやることで確実に手にできるものがある、と。

**やしろ**　分かる。だから『巨人の星』の左門豊作は最後まで4番やったけど、花形は途中で花形モーターズを継いだんですね。見切りが早いんですよ、アイツは。どこでもモテモテだから。

**名越**　（爆笑）。モテる奴はガマンが利かないっていうことですかね。

**やしろ**　それはありますよ。

## 「人気を取るな、評判を良くしろ」

**やしろ**　あと、今回の本を「解放」宣言としているのは、はじめは「革命」にしようと思ったんですけど、例えばＩＴ革命にしても、産業革命にしても、もし人類が滅亡したときに「あの革命って良くなかったな」って言われる可能性のある革命だと思ってるんですよ。

**名越**　絶対そうですよ。じっくりやるっていうのは大事なことです。だから僕は「人気を取るな、評判を良くしろ」といつも言ってるんです。

**やしろ**　「人気を取るな、評判を良くしろ」ですか。

**名越**　人気ってその日に上がって次の日にバーっと下がる、そういうものでしょ？　そうではなくて「あの人の言ってることはいつもしっかりしてるな」とか、「あの人、意外にダンディーだな、男らしいな」とか「あの子、実は性格いいよね」とか。これが評判なんです。これはね、付き合って半年くらいしてからジワジワくるんです。

**やしろ**　半年くらいでやっとジワジワですか……（笑）。

**名越**　そう。でも確実にくるんです。そしてこれは元に戻ることはあまりない。だから「ブサイクは評判を取れ」と。最後に天下取ったらいいと言いたい。

**やしろ**　僕もホント、最後が大事だと思うんです。慌てなくていいというのと、さっきの人数が多いところでは顔が重要だというのは、まさにそのとおりだと思うんです。僕は「顔面至上主義」、例えばさっき「顔面ノイローゼ」って言葉もありましたけど、見た目を大事にしている今の世の中と資本主義は繋がっていると考えているんです。

**名越**　それはピーンときますね！　分かる分かる。繋がってると思う。その意見に一票入れます。

**やしろ**　はい、ありがとうございます（笑）。それで終わらせるんではなくて、そして違うものを持ってくるというのでもなく、ネクストの資本主義じゃないですけど、「ネオ・見た目の価値観」に変えないと、もう人とのやりとりがちょっと限界を迎えていて、資本主義と共に限界に来ていると思っているので。僕はこの本で革命、その先の解放というものまで行こうじゃないか、ということを書いているんです。

**名越**　素晴らしい!!

## ディスコブームが日本人の価値観を変えた？

**名越**　僕は先日、実業家で作家の平川克美さんと会って、「いつからだろうね」っていう話をしてきたばかりなんです。それはインテリというか、学問のできる人、つまり人から尊敬される人のことで。

**やしろ**　はい。

**名越**　僕が小学校から中学校にかけての夏休み、ずっと家庭教師をしてくれていた親戚のなかで唯一京都大学に入ったアキラさんというお兄ちゃんがいたんです。そのアキラさんのいつものスタイルは素足に下駄履き、それもボロボロのジーパンにシワシワのTシャツ1枚という。

**やしろ**　なるほどなるほど（笑）。

**名越**　それで勉強のほかにも子どもが聞いたことがないようなスゴく面白い話を教えてくれた。「ヨーロッパ人は長頭やけどアジアの人たちは短頭で見た目が悪い、でも容量で言ったら短頭のほうがいっぱい入るから自分たちのほうが優れている」とかね。だからそのアキラさんへの憧れがあって、僕は大学に入ったときに冬でも下駄を履いていた時期があったんですよ。つまり、「賢い奴はお金がない」＝「お金がないのは本当に勉強ばかりやってるからお金儲けを知らない」という原理。それにある種のカッコよさを見出してたんです。それで、僕はそのとき平川さんに「どこから資本主義、見た目というものが中身にすり替わったのか」ということを言われて、「どこからだろう?」と真剣に考えた。

**やしろ**　見た目が中身にすり替わった?

**名越**　そう。だから「カッコイイ男はやさしいはず」とか「カッコイイ男は頭も良いはず」「できるはず」とかね。そんなわけないのに。で、分かったんです、それがどこからか。

**やしろ**　おお!

**名越**　ただこれは、僕とおんなじ「新人類」と言われた世代の人たちだけが賛同してくれることかもしれない（笑）。要するにディスコ世代なんです、僕たちは。その頃はディスコがめちゃくちゃ流行ってた。

**やしろ**　ディスコですか!?

**名越**　僕たちは、言ってしまえば「清貧の思想」に洗脳されていて、賢いことをアピールするなら、前髪にパーマあてて、下駄履いて、擦り切れたジーパン穿いて、ってしてたでしょ?

**やしろ**　そうなんでしょうね（笑）、ここまでのお話からすると。

**名越**　そこに誰がいたかと言えば、背の高い、黒服と呼ばれる男たちですよ。彼らがダブルのスーツを着て、黒いシャツを着て腕組みして入口に立っているわけです。それで「お客様、そのファッションではこのお店には入れません」と言って「清貧思想」の僕たちを追い返すわけですよ。

**やしろ**　なるほど。

**名越**　そのときに、「汚い格好をしてることは悪だ」ということを強烈に刷り込まれたんです。それはイケメンとブサイクの話とものスゴく近いでしょう?　そこからです、僕らの世代にとって価値観が変わっていったのは。だから、そんな苦しい世の中になって20年くらいじゃないでしょうかね……。

**やしろ**　でもそう考えると、まだ20年くらいなもんなんですね!　そういう世の中になって。

## 本物のスターは仄暗い場所から生まれる

**やしろ**　名越さんとか僕らの世代はまだ、音楽とかも若いときに聴いてたりして、まだいいですけど、これからの人たちはなおのこと、選択肢がたくさんあるように見えて実はそんなにないような気がしているんです。

**名越**　分かります。だからね、実は路地裏からしか本物のスターは生まれないんですよ。だって松田優作だって新宿のゴールデン街あたりで飲んで

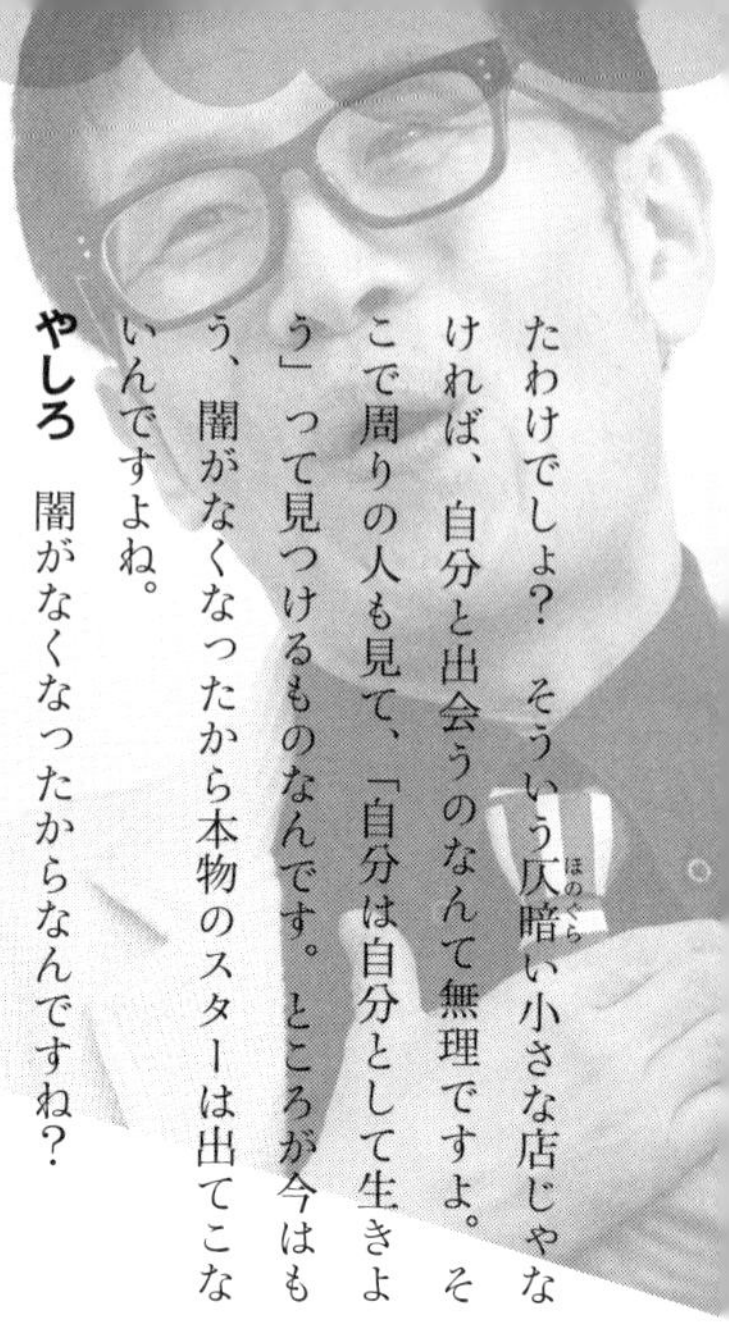

たわけでしょ? そういう仄暗《ほのぐら》い小さな店じゃなければ、自分と出会うのなんて無理ですよ。そこで周りの人も見て、「自分は自分として生きよう」って見つけるものなんです。ところが今はもう、闇がなくなったから本物のスターは出てこないんですよね。

**やしろ**　闇がなくなったからなんですね?

**名越**　僕はそう思います。そういうところでだけ、自分独特のエネルギーというものは貯まると思うんですよね。ラジオのブースとか、部室みたいな部屋とか、そういうところだと相手と折り入った話ができる。そうすることによって、自分に出会えるわけなんですよ。

**やしろ**　自分探しとか、メンドくさい作業だとは思うんですけど。なんかメンドくさい作業をしなくてもいいよっていう雰囲気に世の中がなっていると思いますね。

**名越**　これからもうどんどん人口が減っていってるから、ホントの意味では自分探ししやすいんじゃないですかね。郊外にあるシャッター商店街なんかをひとりでふらふらしているうちに、フッとね、自分に出会うこともある。「あ、俺ってホントはこんなに寂しかったんだ」とか「ホントはこんなにやさしい気持ちがあったんだ」とかね。僕はそういう場所にこそ行ってほしいですね、若い人には。

## マニアックな趣味の共有で本物の愛や友情が育まれる?

**名越**　ブサイクだと自覚してる人って、合コンとか行かないでしょ?

**やしろ**　いや、僕は行ってました、たくさん。ブサイクだからこそ、「人に多く会わなくちゃ」っていうのもあったんです。

**名越**　はぁ、数で済ますと。資本主義的な考え方ですね（笑）。

**やしろ**　ホントですね。

**名越**　それは絶対間違ってます！

**やしろ**　（爆笑）。今なら僕も、やっぱり若い人には勧めませんね。ところで先生は、友だちに関してはどう考えていますか？

**名越**　何かひとつ、コアな趣味を持ってるっていうのはいいんじゃないかな？　気持ち悪くない程度にね。それが「僕はＡＫＢが好きです」「スイーツが好きです」ばっかりでは、やっぱり負けると思うんですよ。「ときどき下北沢でレコードを買うんです」くらいはあったほうがいい。

**やしろ**　それは僕もそう思います。男前たちがみんな聴いてるもの、食べてるものを一緒に楽しんでいたって、何も起きるわけがないじゃないですか、ブサイクに。

**名越**　そうです。絶対何も起きません。僕の友人はみんな、マイナーな趣味で繋がってる人だけですよ。例えばジャズ音楽に浪曲、古代史といったところです。だからあまり友だちがいない（笑）。

**やしろ**　僕は特技も趣味もまったくなくて、ホント、お酒くらいです。趣味といえば「妄想すること」ですかね。仲良くなってる人たちも、ひょっとするとそういうことが好きな人なのかもしれません。確認したわけじゃないですけど、ひとりで妄想したりお話を作るような人が好きで、惹かれてる感じがします。名越さんもそうでしたし。

**名越**　そうですよ！　僕もそうでした。自分でも嫌になるくらいひたすら物語でもない、設定だけを書いて（笑）。だからそうか、そういう病状のある人と……（笑）。

**やしろ**　そうです。だからなんとなくそういう病状のある人といると「落ち着くな」と思って寄っていっちゃうんだと思います。

**名越**　それだったら立派なコアの人ですよ。ブサイクとして一人前です！

**やしろ**　ありがとうございます！（笑）

# おわりに

この本が書けて本当に良かったと思います。

今では小学校のときに僕に「ブ男!」と言ってくれた女の子に感謝したい気持ちです。お笑いがやりたくて吉本に入り、芸人になってブサイクを強く自覚して、ラジオや様々な仕事を通して多くの人々と話をしていろいろな経験をして、僕はようやくブサイクから解放されました。

ブサイクからの解放とは、見た目からの解放であり、本当の意味での内面との向き合いです。そうなって僕は生きることが本当に楽になりましたし、楽しくなりました。

皆様も自分が男前や美人ではないことを心底自覚して、ふさわしくない振る舞いや勘違いをひとつずつ丁寧に取り除き、完全に見た目から解放されて、どうか「スーパーブサイク人」になってください。スーパーブサイク人になってしまえばすでに心は解放されていますから、流行の服を着ようがブランド好きを愛そうが関係ありません。本当の自由が訪れるはずです。

2016年の7月18日に僕は芸人を辞めました。この本はまだ僕が芸人だった2016年の5月から7月半ばにかけて書きましたので、僕の芸人活動20年の総決算といっても過言ではありません。なぜなら芸人として20年間、ブサイクとしては30年間（年齢は40歳ですがブサイクと自覚して30年です）生きてきて、ようやくたどり着いたブサイクの生き方と魅力をすべて書いたからです。

ブサイクな芸人として書いた、最初で最後の本ということになります。

占い師のゲッターズ飯田さんに勧められ、本を書くことを決意して、ラジオを通して知り合った名越さん、能町さんと対談をさせていただき、芸人として仲間になったタナカダファミリア（田中光）くんに絵を描いてもらい、様々な人に助けてもらって完成した本です。

僕はこの本で誰かが笑ってくれれば良いなと思いますし、冗談抜きに誰かひとりでもいいから、【見た目】で苦しんでる人の心が軽くなればいいなと願って書きました。

僕たちは全員幸せになるために生まれてきたのだと思います。だから見た目というたったひとつの項目で損をするのはもったいないです。ブサイクはとんでもない力を持っています！　勝ち負けなんてつけなくていいくらい、スゴい可能性に満ち満ちています。

ブサイク&ブスパワーをマックスまで高めることができれば、自分に関わる多くの人をユートピアに導くことができるはずです！

さあみんなで汚い笑顔全開で虹を渡りましょう。

最後まで読んでいただき、心より感謝いたします。

ありがとうございました。

# ブサイク解放宣言

見た目にとらわれない生き方のススメ

2016年11月13日　初版発行

著者　マンボウやしろ

発行人　内田久喜
編集人　松野浩之

デザイン　山谷吉立（ma-h gra）
イラスト　田中光
撮影　中川有紀子
対談構成　粟野亜美
校正　水尾裕之
編集　庄子孝信、新井治

発行　ヨシモトブックス
〒160-0022　東京都新宿区新宿5-18-21
03-3209-8291

発売　株式会社ワニブックス
〒150-8482　東京都渋谷区恵比寿4-4-9　えびす大黑ビル
03-5449-2711

印刷・製本　シナノ書籍印刷株式会社


ISBN978-4-8470-9493-4